浙江省"十一五"重点建设教材

高职高专经管专业十二五规划教材

国际船舶代理实务

● 主　编　徐　秦

● 副主编　段雪妍　于文玲　王双燕

● 主　审　真　虹

WUHAN UNIVERSITY PRESS

武汉大学出版社

图书在版编目(CIP)数据

国际船舶代理实务/徐秦主编;段雪妍,于文玲,王双燕副主编;真虹主审.—武汉:武汉大学出版社,2012.6(2023.1重印)
浙江省"十一五"重点建设教材
高职高专经管专业十二五规划教材
ISBN 978-7-307-09758-2

Ⅰ.国… Ⅱ.①徐… ②段… ③于… ④王… ⑤真… Ⅲ.国际运输—船舶管理—代理(经济)—高等职业教育—教材 Ⅳ.F551.4

中国版本图书馆 CIP 数据核字(2012)第 089598 号

责任编辑:陈 红　　　责任校对:黄添生　　　版式设计:马 佳

出版发行:**武汉大学出版社** (430072 武昌 珞珈山)
(电子邮箱:cbs22@whu.edu.cn 网址:www.wdp.com.cn)
印刷:武汉邮科印务有限公司
开本:720×1000 1/16 印张:13.5 字数:270 千字 插页:1
版次:2012 年 6 月第 1 版 2023 年 1 月第 7 次印刷
ISBN 978-7-307-09758-2/F・1672 定价:49.00 元

前　　言

　　国际船舶代理作为一种活动，带有很强的行业特点，它要求参与这一活动的人，除了应具备开展船舶代理活动的基本素质和航运知识以外，还应掌握有关国际船舶代理的专业知识。国际船舶代理属于服务性行业，业务范围非常广泛，代理机构可以接受与船舶营运有关的任何人的委托。既可以接受船舶所有人或经营人的委托，代办班轮船舶的营运业务和不定期船的营运业务，也可以接受租船人的委托，代办其所委托的有关业务。

　　在国际航运实践中，由于各国航运政策的不同，船舶所有人或船舶经营人为了确保从事国际贸易运输的船舶在世界各港口正常营运，往往将船舶进出港业务交给第三方办理。设立在世界海运港口的第三方机构（船舶代理机构），由于对本港的情况、所在国的法律、规章、习惯等都非常熟悉，对船舶代理业务有着丰富的实践经验，能比船长更有效地安排和处理船舶在港口的各项业务，更经济地为船舶提供各项服务，从而有利于加快船舶周转，降低运输成本，提高船舶经营效益。

　　本教材针对国际船舶代理企业的生产活动对"核心岗位职业能力"、"典型工作任务及其过程"及"专业能力和素质整体要求"等三个方面进行分析，以船舶进出港生产过程为主线，围绕国际船舶代理人职业能力（专业能力、方法能力、社会能力）的培养，针对学生的学情特点和企业岗位需求，选择了相应的学习性工作任务，合理设计了"教"与"学"的活动。教材编写突出国际船舶代理业务与实务的结合，既重视对国际船舶代理业务知识的介绍，又突出对国际船舶代理实务操作技能的培养。

　　全书共设六个教学情境，分三个层次：一是了解有关国际船舶代理的基础知识；二是熟悉国际船舶代理的业务内容；三是掌握国际船舶代理实务操作技能。本教材由浙江交通职业技术学院徐秦副教授任主编，并负责编写学习情境 3、5、6；上海中侨职业技术学院副教授、上海海事大学博士研究生段雪妍老师负责编写学习情境 1，上海中侨职业技术学院于文玲老师负责编写学习情境 2，浙江国际海运职业技术学院王双燕老师负责编写学习情境4。浙江交通职业技术学院任松涛老师、宁波通盛船务王善耀总经理和宁波五矿船务代理许文华经理参与了学习情境3、4、5中实务操作的编写工作。全书由徐秦副教授负责统稿，上海海事大学真虹教授负责主审。

本书被列为浙江省"十一五"重点教材，本书的出版得到了浙江省教育厅、浙江交通职业技术学院的大力支持。同时感谢上海海事大学真虹教授，真教授能欣然接受担任本书主审的邀请，并在百忙之中抽出时间加以审核，在此表示衷心的感谢。我的大学同学金群忠船长和宁波外供沈凤辉副总经理，为本书案例资料的收集给予了帮助，在此一并表示衷心感谢。

在本书编写过程中，编者参考了大量的国内外文献资料（参考文献只是一个不完全的列举），特别是国际船舶代理专业论坛网站，获得了许多实务知识、意见和建议。在此，谨向这些文献的作者表示衷心的感谢。

由于编者水平有限，深入实践还远不够，书中难免存在不少缺点和问题，恳请读者加以批评和指正。

徐 秦

2012 年春于杭州西子湖畔

目　录

◎学习情境一　国际船舶代理认知 ·· 1

【学习目标】 ·· 1

【知识介绍】 ·· 1

任务一　国际船舶代理概述 ··· 1

任务二　国际船舶代理业务范围 ·· 6

【任务总结】 ·· 9

【思考与练习】 ··· 10

◎学习情境二　国际船舶代理业务认知 ······································· 11

【学习目标】 ·· 11

【知识介绍】 ·· 11

任务一　班轮运输代理业务 ·· 11

任务二　集装箱管理代理业务 ··· 18

任务三　租船船舶代理业务 ·· 25

任务四　其他船舶代理业务 ·· 30

【任务总结】 ·· 33

【思考与练习】 ··· 33

◎学习情境三　国际船舶代理委托关系的确立 ···························· 34

【学习目标】 ·· 34

【知识介绍】 ·· 34

任务一　长期代理关系和航次代理关系确立 ································ 35

任务二　其他代理关系确立 ·· 37

【任务总结】 ·· 40

【思考与练习】 ………………………………………………… 40
【实务操作1】委托单审核 ……………………………………… 40
【实务操作2】《单船计划》缮制和《航行指南》选择 ………… 43
【活动设计1】航次代理关系的确立 …………………………… 43

◎学习情境四　船舶抵港前工作准备 ………………………………… 48
　【学习目标】 ………………………………………………… 48
　【知识介绍】 ………………………………………………… 48
　任务一　备用金估算 ………………………………………… 48
　任务二　业务单证缮制 ……………………………………… 71
　【任务总结】 ………………………………………………… 81
　【思考与练习】 ……………………………………………… 82
　【实务操作3】船舶抵港前准备工作 ………………………… 82
　【活动设计2】船舶抵港前的代理业务 ……………………… 83

◎学习情境五　船舶在港期间代理实务 ……………………………… 85
　【学习目标】 ………………………………………………… 85
　【知识介绍】 ………………………………………………… 85
　任务一　船舶进出口岸申报和查验 ………………………… 86
　任务二　船舶代理外勤业务 ………………………………… 87
　任务三　船舶离港代理实务 ………………………………… 93
　【任务总结】 ………………………………………………… 93
　【思考与练习】 ……………………………………………… 94
　【实务操作4】船舶代理外勤操作实务 ……………………… 94
　【活动设计3】船舶在港期间代理——外勤实务（一） …… 102
　【活动设计4】船舶在港期间代理——外勤实务（二） …… 106
　【活动设计5】船舶在港期间代理——外勤实务（三） …… 107
　【活动设计6】船舶离港代理实务 …………………………… 108

◎学习情境六　相关国际船舶代理实务 ……………………………… 110
　【学习目标】 ………………………………………………… 110
　【知识介绍】 ………………………………………………… 110
　任务一　海事签证和海事事故处理 ………………………… 111
　任务二　进口放货业务处理 ………………………………… 115
　任务三　货物查询、理赔和客票处理 ……………………… 117

【任务总结】 …………………………………………………………………………… 119

【思考与练习】 ……………………………………………………………………… 120

◎附　录……………………………………………………………………………… 121

附录1　国际船舶代理各种证书和表格中的英文及有关缩写 ………… 121

附录2　国际船舶代理装卸事实记录参考用语 ……………………… 123

附录3　码语通信用字母拼读表 ……………………………………… 126

附录4　VHF 通信常用术语及短语 …………………………………… 127

附录5　货物运输单据（样式） ……………………………………… 128

附录6　船舶代理有关函电（样式） ………………………………… 136

附录7　船舶代理有关单证与函电（样式） ………………………… 141

附录8　船舶积载图 …………………………………………………… 174

附录9　某船舶代理公司操作规范 …………………………………… 177

附录10　航行国际航线船舶长江引航、移泊收费办法 ……………… 195

附录11　中华人民共和国交通部航行国际航线船舶理货费率表 ………… 206

◎参考文献…………………………………………………………………………… 209

国际船舶代理认知

☞ **学习目标**

终极目标：掌握与国际船舶代理相关的基础知识。

促成目标：

(1) 了解国际船舶代理产生的背景；

(2) 理解国际船舶代理的概念、作用和分类；

(3) 掌握国际船舶代理的业务范围和具体内容。

☞ **知识介绍**

国际船舶代理行业作为国际海上运输的辅助业务，为来往于各国港口之间进行商贸等活动的船舶提供船舶申报、船舶服务、后勤保障等业务，为船舶在各国之间的往来提供便利，同时促进了国际航运和国际贸易的发展。

船舶代理业务就是指船舶代理人接受船舶所有人的委托代为照管船舶的业务。船舶代理人根据船舶所有人的要求对在港船舶进行一切必要的照顾，代办各项相应的业务，维护船舶所有人的利益。当完成船舶所有人的委托责任后，船舶所有人支付一定的费用，作为船舶代理人提供劳务的报酬。

任务一　国际船舶代理概述

一、国际船舶代理产生的背景

从事国际贸易货物运输的船舶在世界各个港口之间营运的过程中，若停靠于船舶所有人或船舶经营人所在地以外的其他港口，船舶所有人或船舶经营人将无法亲自照管与船舶有关的营运业务。解决这一问题主要有两种方法：一是在有关港口设立船舶所有人或船舶经营人的分支机构，二是由船舶所有人或船舶经营人委托在有关港口专门从事代办船舶营运业务和提供相关服务的机构或个人代办船舶在港口的有关业务，即委托船舶代理人代办这些业务。

事实上，一个船舶所有人或船舶经营人，不论他的资金多么雄厚，也不可能在自己所拥有或经营的船舶可能停靠的所有港口普遍设置分支机构。而设立在世界各个港口的船舶代理机构或代理人由于对本港的情况、所在国的法律、规章、习惯等都非常熟悉，并在从事船舶代理业务的实践中积累了丰富的经验，与交通运输部门、银行、海关、检验检疫、保险贸易等方面有着广泛的联系，他们往往比船舶所有人或船舶经营人更能够有效地安排和处理船舶在港口的各项业务，更经济地为船舶提供各项服务。因此，在航运实践中，船舶所有人或船舶经营人大多采用委托船舶代理人代办其船舶在港各项业务的方式来管理自己拥有或经营的船舶。

船舶代理属于服务性行业，世界各国的海运商港都普遍开设了船舶代理机构，而且在一个港口通常开设有多家船舶代理机构，为进出该港的船舶办理各项业务。这样的机构在我国称为外轮代理公司，在国外通常称为代理行。船舶代理机构或代理行可以接受与船舶营运有关的任何人的委托，业务范围非常广泛，既可以接受船舶所有人或经营人的委托，代办班轮船舶的营运业务和不定期船的营运业务，也可以接受租船人的委托，代办其所委托的其他业务。在西方国家，船舶代理行绝大部分是私人经营的，规模大小不一，业务范围也宽窄不一。代理行为了扩大服务范围和提高自己的竞争能力，不仅与银行、保险、贸易部门建立了紧密的联系，还常兼营与运输有关的货运、装卸、驳运、仓库等业务。

二、国际船舶代理人的定义和分类

1. 国际船舶代理人的定义

从事国际贸易货物运输的船舶在世界各个港口之间进行营运的过程中，当它停靠于船舶所有人或船舶经营人所在地以外的其他港口时，由于船舶所有人或经营人的财力或精力所限无法为自己所拥有或经营的船舶在可能停靠的港口普遍设立分支机构，加之各国航运政策不同，因此在航运实践中，船舶所有人或经营人往往会委托船舶代理人代办有关业务。

根据《国际海运条例》，我国的国际船舶代理经营者是指依照法律设立的中国企业法人，接受船舶所有人或者船舶承租人、船舶经营人的委托，经营本条例第29条规定的业务。

因此，我们可以将国际船舶代理人简单地表述为：国际船舶代理人是接受船舶所有人或船舶承租人、船舶经营人等的授权，在授权范围内代表委托方办理船舶进出港业务及与船舶有关的其他业务的中国企业法人。

2. 国际船舶代理人的作用

（1）传递信息

船舶代理人可以在委托人、货方和口岸机构等之间传递信息。如在船舶到港前，船舶所有人或船舶经营人或船舶承租人等将船舶到港装卸货物的情况和预计船期等信息告知船舶代理人；船舶代理人根据船方提供的信息和口岸的管理规定，将相关信息转告海关、边防、检验检疫和海事局、港口装卸公司、理货公司、船舶供应公司等单位。船舶在港期间，船舶代理人及时将船舶在港的动态信息告知委托人；在船舶离港后，船舶代理人及时告知委托方船舶离港的情况，使委托方能够及时掌握船舶动态等信息。

（2）协调沟通

在处理船舶运输的各项工作中，船舶代理人可以协助船方、港方、货方等各方妥善解决问题，起到协调沟通的作用。如在航次租船下，为避免船舶抵港而货物没有备齐的情况发生，船舶代理人要及时了解货主的备货情况，并视具体情况催货主备货。如果船方和货方对货物装卸数量或质量存在争议，或船舶在港期间发生船舶碰撞等事故，船舶代理人能够根据经验并运用专业知识，协助船方妥善解决相关事宜。

（3）降低成本

在完成委托事项的过程中，船舶代理人能够利用经验和本地优势合理安排各项工作，减少委托人不必要的支出，从而起到降低成本的作用。如船舶代理人利用其与口岸单位的合作关系和专业知识、业务经验，可顺利完成船舶在港的装卸、修理等各项工作，为委托方节省相关费用并加快船舶周转。

3. 国际船舶代理业务范围

在大多数情况下，代理人接受委托后，是以船公司的代理身份，代办以各种营运方式经营的船舶在港期间所有的业务。根据《国际海运条例》第 29 条的规定，国际船舶代理经营者接受船舶所有人或者船舶承租人、船舶经营人的委托，可以经营下列业务：

（1）办理船舶进出港口手续，联系安排引航、靠泊和装卸；

（2）代签提单、运输合同，代办接受订舱业务；

（3）办理船舶、集装箱以及货物的报关手续；

（4）承揽货物、组织货载，办理货物、集装箱的托运和中转；

（5）代收运费，代办结算；

（6）组织客源，办理有关海上旅客运输业务；

（7）其他相关业务。

国际船舶代理经营者应当按照国家有关规定代扣代缴其所代理的外国国际船舶运输经营者的税款。

在实际操作中，除了以上原则性的规定之外，根据委托人的委托，船舶代理业务还有很大的延伸空间。因此，我国有些国际船舶代理公司的业务章程中所规定的业务范围比《国际海运条例》规定的业务范围更具体。例如《中国外轮代理公司业务章程》规定，该公司代理的业务范围包括下列各项：

（1）办理船舶进、出港口和水域的申报手续，联系安排引航、泊位。

（2）办理进、出口货物的申报手续，联系安排装卸、堆存、理货公估、衡量、熏蒸、监装、监卸及货物与货舱检验。

（3）组织货载，洽订舱位。

（4）办理货物报关、接运、仓储、中转及投保。

（5）承接散装灌包和其他运输包装业务。

（6）经营多式联运，提供门到门运输服务。

（7）联系安排邮件、行李、展品及其他物品的装卸、代办报关、运送。

（8）代办货物查询、理赔、溢卸货物处理。

（9）洽办船舶检验、修理、熏舱、洗舱、扫舱以及燃料、淡水、伙食、物料等的供应。

（10）办理集装箱的进出口申报手续，联系安排装卸、堆存、运输、拆箱、装箱、清洗、熏蒸、检疫。

（11）洽办集装箱的建造、修理、检验。

（12）办理集装箱的租赁、买卖、交接、转运、收箱、发箱、盘存、签发集装箱交接单证。

（13）代售国际海运客票，联系安排旅客上下船、参观游览。

（14）经办船舶租赁、买卖、交接工作，代签租船和买卖船合同。

（15）代签提单及运输契约，代签船舶速遣滞期协议。

（16）代算运费，代收代付款项，办理船舶速遣费与滞期费的计算与结算。

（17）联系海上救助，洽办海事处理。

（18）代聘船员并代签合同，代办船员护照、领事签证，联系申请海员证书，安排船员就医、调换、遣返、参观游览。

（19）代购和传递船用备件、物料、海图等。

（20）提供业务咨询和信件服务。

（21）经营、承办其他业务。

4. 国际船舶代理人的分类

根据代理船舶运营方式的不同，船舶代理人可分为班轮运输船舶代理人和不定期船运输代理人；根据代理合同期限的长短可以将代理关系分为长期代理和航次代理；根据委托人的主次地位可分为第一委托方代理和第二委托方代理。

（1）班轮运输船舶代理人

在班轮运输中，班轮公司在从事班轮运输的船舶停靠的港口委托代理人。该代理人的权利与义务通常由班轮代理合同的条款予以确定。代理人通常应为班轮制作船期广告，为班轮公司开展揽货工作，办理订舱、收取运费，为班轮船舶制作运输单据、代签提单，处理船务和集装箱工作，代理班轮公司就有关费率及班轮公司营运业务等事宜与政府主管部门和班轮公会进行合作。

（2）不定期船运输代理人

不定期船运输代理人为来港的不定期船舶办理相关事务，不定期船运输代理人可以由不定期船的船舶所有人、经营人或者承租人等委托，通常在维护委托方利益的前提下，代理人照管和办理船舶在港的一切事项。在不定期船运输中，一般租船合同都会明确由谁指定装卸港代理人，为保护自己的利益，承租人和出租人都希望自己指定装卸港代理人。根据委托方的不同，不定期船运输代理人分为船东代理人、船舶经营人代理人、承租人提名代理人、保护代理人、船务管理代理人和不定期船总代理人等。

（3）保护代理人

在承租人提名船舶代理人的情况下，船东或船舶经营人为了保护自己的利益，有时会再另外委托一个代理人来监督承租人提名的代理人的代理行为，该代理人即为保护代理人，或称监护代理人。同样，当根据租约的规定，代理人由船东或船舶经营人指派时，承租人也可以在装卸港口指派自己的代理人，以保护承租人的利益。

（4）长期代理人

船公司根据船舶营运的需要，在经常有船前往的港口为自己选择适当的代理人，通过一次委托长期有效的委托方法，负责照管到港的全部船舶，这种代理关系称为长期代理，该代理人即为长期代理人。长期代理不需要按船逐航次地委托，一旦建立长期代理关系，只要没有发生所规定的或成为终止长期代理关系的事项，代理关系就可以一直继续保持下去。建立长期代理关系可以简化委托和财务往来结算手续。

（5）航次代理人

对不经常来港的船舶，在每次来港前由船公司向代理人逐船逐航次办理委托，并由代理人逐船逐航次接受这种委托所建立的代理关系称为航次代理，该代理人即为航次代理人。建立航次代理关系的情况有以下几种：与代理人无长期代理关系的船公司派船到港装卸货物；到港办理买船或卖船的交接手续；到港办理定期租船的交船和还船交接手续；外国籍船舶由于船员急症就医、船舶避难、添加燃料、临时修理等原因专程来港等。船舶在港作业或所办事务结束后，代理关系即告终止。

（6）第一委托方代理和第二委托方代理

第一委托方是指出面委托代理并负责支付船舶港口使费的一方（不一定是船方）。对同一艘船要求为其办理业务的另一方，我们称其为第二委托方。第二委托方可以是船方（船舶所有人、经营人或管理公司），也可以是租方或货方，还可能是其他有关方。一艘船只能有一个第一委托方，但同时可以有一个或几个第二委托方。

三、国际船舶代理人的责任和义务

船舶代理公司一经接受委托方的委托，代理关系即告建立，成为委托方的代理人。

我国《合同法》第397条规定："委托人可以特别委托受托人处理一项或者数项事务，也可以概括委托受托人处理一切事务。"而船舶代理人就是接受委托人委托，代表委托人办理船舶在港的有关业务，并提供相关服务和其他法律行为的人。由此可见，委托人与船舶代理人之间的法律关系是委托与被委托的关系，代理人只要在授权范围内行事，则委托人就要对此承担责任。

根据我国《合同法》第399条、第400条、第401条的规定，船舶代理人接受委托后，应承担以下责任和义务：

（1）国际船舶代理人应当按照委托人的指示办理委托事务。不能完全按照委托人指示办理的事项，需要委托人同意并重新发出指示。因情况紧急，难以和委托人取得联系的，代理人应当妥善处理委托事务，但事后应当将紧急情况及时向委托人报告。

（2）国际船舶代理人应当亲自处理委托事项。经委托人同意，代理人可以转委托。转委托经同意的，委托人可以就委托事务直接指示转委托的第三人，国际船舶代理人仅就第三人的选任及其对第三人的指示承担责任。转委托未经同意的，国际船舶代理人应当对转委托的第三人的行为承担责任，但在紧急情况下国际船舶代理人为维护委托人的利益需要转委托的除外。

（3）国际船舶代理人应当按照委托人的要求及时报告委办事务的处理情况。船舶离港后，国际船舶代理人应当报告委托事务的结果。

任务二 国际船舶代理业务范围

一、船舶进港申报手续

船舶代理人在接到船舶靠港委托电后，需立即向港口有关当局提出船舶进港申报,即向港务局发出船舶到港通知单和向港务监督提交一式五份的《船舶进港申报书》,内容包括船名、国籍、船舶规范、委托方名称、来港任务、来自何港、吃水等。港务监督根据所申报的内容,依据有关规定,决定是否同意和接受船舶靠港。特殊船舶,如装卸危险品、超大型(超长、超宽、超吃水)及其他特种用途的船舶来港,港监部门还需按有关规定向上级汇报,得到许可后方可接受船舶来港。当然,港监部门审批进港申报时,一般还需征求其他有关单位,如海关、卫生、边防等部门的意见。另外,港务局在接到船舶到港通知单后即需考虑安排船舶的停靠、泊位、装卸作业等工作。

船舶代理人在进行申报时,各项申报的内容都要准确无误,对危险品船舶,除正常申报外,还需提交危险品申报。否则一旦发生事故,其中因错误申报而造成的后果,船舶代理人要承担责任。

二、船舶进出港联检手续

在我国,负责船舶进出口岸的检查机关为中华人民共和国海关(以下简称海关)、中华人民共和国边防检查机关(以下简称边防检查机关)、国家质量监督检验检疫总局(以下简称质检总局)、中华人民共和国海事局(以下简称海事局)。

根据国家规定,船舶在进出港口时,必须接受海关、海事局、边防检查机关和质检总局等部门组成的组合检查,简称"联检"。船舶代理人在船舶进出港联检时所需要做的主要是向各联检部门递交他们所需的各种申请和证书,沟通他们与船方之间的联系,向船长解释港口的有关规定等。

海关主要是对船舶所载货物和人员的行李物品进行检查和监督。通常船方或船舶代理人在船舶抵达口岸 24 小时前,将抵达时间、靠泊移泊计划及船员、旅客等有关情况报告海关。如果航程不足 24 小时,在驶离上一个口岸时将上述情况报告海关。船舶抵港后需及时向海关递交货物清单、自用物品清单等供海关检查时参考。

船舶检验检疫主要是对出入境船舶的卫生、压舱水排放、生活垃圾和船舶员工携带物等进行监督和检查,防止检疫传染病的传入。入境船舶必须在最先抵达口岸的指定地点接受检疫,办理入境检验检疫手续。船方或者其代理人应当在船舶预计抵达口岸 24 小时前(航程不足 24 小时的,在驶离上一个口岸时)向检验检疫机构申报,填报入境检疫申报书,提交《航海健康申报书》、《总申报单》、《货物申报单》、《船员名单》、《旅客名单》、《船用物品申报单》、《压舱水报告单》及载货清单,并应检验检疫人员的要求提交《除鼠/免予除鼠证书》、《交通工具卫生证书》、《预防接种证书》、《健康证书》以及《航海日志》等有关资料。出境的船舶在离境口岸接受检验检疫，办理出境检验检疫手续。船方或者其代理人应当在船舶离境前4小时内向检验检疫机构申报，办理出境检验检疫手续，并向检验检疫机构提交《航海健康申报书》、《总申报单》、《货物申报单》、《船员名单》、《旅客名单》及载货清单等有关资料（入境时已提交且无变动的可免予提供）。接受入境检疫的船舶，必须按规定悬挂检疫信号。白天入境时，在船舶的明显处悬挂检疫信号旗，夜间入境时，在船舶的明显处垂直悬挂灯号。"Q"字旗和红灯三盏，表示本船没有染疫，请发给入境检疫证；"QQ"字旗和红红白红灯四盏，表示本船染疫或有染疫嫌疑，请即刻实施检疫。如果上一港是国内港口，不需办理检疫手续。

港方监督是对船舶航行和水域等全面负责的职能部门，联检时主要检查船舶的各种证书是否有效，对载运危险品货物的船舶进行安全措施的检查等。

边防检查机关是对进出境人员进行检查的职能部门。船舶代理人应在船舶抵港前24小时将船舶抵港的时间、停靠地点、载运人员和货物情况告知边防检查机关。边检时主要检查船员的船员证或旅客的护照是否有效，是否有偷渡犯或违反规定的出入境人员，对船舶自用的武器弹药也应进行检查，在港期间实施查封。

三、船舶进出港代理业务

1. 船舶进港前代理业务

为委托方及时安排泊位、节省船期是代理的一项重要工作，最能体现代理水平的高低。因此，代理接受委托后应及时联系船方、港方、货主和其他有关方，事先落实船舶抵港后的各项作业计划安排，落实船舶和出口货物的备妥情况或进口货物的接卸准备情况，充分利用自身的各种优势和关系，安排好泊位和船舶的装卸作业计划，必要时采取特殊措施来满足委托方的需求。

此外，根据船舶抵港预报，还应及时与船方取得联系，索要有关信息资料，了解情况以及询问船方有无其他特殊需求，主动提供船方所需的航道、泊位安排等相关信息，提出需要船方配合的具体要求。

船舶抵港前要明确委托代理关系，索要备用金，了解来港船舶性质、来港任务、租约及有关货物买卖合同条款、运输契约等，向有关口岸查验单位办理船舶进港、检验、检疫等申报手续。

2. 船舶在港期间代理业务

船舶抵港后，代理应及时向委托方发送船舶抵港报告，报告内容应包括：船舶抵达港口下锚（靠泊）时间，抵港时船舶的吃水和存油、存水数量，预计靠泊时间和泊位名称，预计装卸作业开始时间，预计装卸作业完毕时间，预计开航日期和时间等，暂时无法确定的要说明情况。此后，代理应该至少每天向委托方通报一次船舶在港动态，内容应包括：当日剩余货量，天气情况，装卸作业过程中发生的任何动态、问题和情况（如停工时间及原因，船损、货损、船员出现的问题、船方借支和邮件送船时间，船用备件转交时间，加油加水时间和数量等），船舶开装、开卸时间和当日作业工班数量，移泊时间和新泊位名称（如有），预计作业完毕时间、船舶开航日期和时间以及其他委托方关心的问题或信息等。临时发生的情况或已经通报的船舶动态发生了变化则应随时另报。

船舶在港期间，代理对船舶的现场服务主要由外勤来提供。在计划调度办理好船舶进口申报的基础上，外勤必须及时为自己所代理的船舶办理具体的船舶进出口岸补充申报、签证和查验等相关手续。进口船舶的相关手续，除卫生检疫由检疫官直接上船办理以外，其他要分别到海事局、边防检查机关和海关办理进口查验手续。代理实务中，外勤服务的内容会因代理委托的任务不同而不同。

3. 船舶离港后的代理业务

船舶离港后，代理应及时向委托方发送开航报告，集装箱船还需另发离港报告（Terminal Departure Report，TDR）。离港报告的内容至少包括：船舶装卸作业完毕时间，实际装货或卸货数量，开航时间，开航时船舶存油、存水数量和前后吃水数，预计抵达下一挂港时间，船舶在港期间发生的各种问题和解决情况，代理工作的简要总结和对委托代理再次表示感谢等。

船舶离港后应根据委托方的要求及时传送或寄送相关单证和文件。传送可以使用普通传真方式，也可以进行电子扫描后以 E-mail 附件的方式传送。如需要寄送，重要文件应该用可以查询的方式（如快递）寄送，寄出后应该通知委托方寄出单证文件的名称、寄出日期、寄送方式和查询号码。所寄出的重要单证文件无留底的应复印一份存档，以防万一。

船舶开航并不意味着代理工作的结束，除上面提到的开航报告和单证寄送以外，代理在许多业务领域还需要继续为委托方及其客户提供相关服务，例如：货物查询、进口放货、出口签单、海事处理、留医船员的治疗和遣返、档案整理和保管、市场信息的收集和提供等。

【任务总结】

国际船舶代理行业作为海上货物运输的辅助行业，为船舶在各国之间的往来提供了便利，同时也促进了航运市场和国内外贸易的发展。

在学习本情境时，需要掌握以下几方面内容：

1. 国际船舶代理人的概念及其分类；

2. 国际船舶代理人的业务范围；

3. 船舶进港申报、联检、进港前、在港期间、离港后的代理业务内容。

【思考与练习】

1. 船舶代理人为什么会产生？其作用是什么？
2. 国际船舶代理根据委托人和代理业务范围的不同，有哪些分类？
3. 国际船舶代理的主要业务范围有哪些？请加以简单描述。

学习情境二 | # 国际船舶代理业务认知

☞ **学习目标**

终极目标：掌握不同船舶运营方式下国际船舶代理的业务内容。

促成目标：

(1) 了解班轮运输、不定期船运输和集装箱的概念；

(2) 熟悉班轮、集装箱船舶进出口流程及租船业务；

(3) 掌握班轮进出口代理业务，集装箱管理代理业务和租船代理业务。

☞ **知识介绍**

国际贸易中的海上运输按照船舶的经营方式主要有班轮运输（Liner Transport，又称定期船运输）和租船运输（Shipping by Chartering，又称不定期船运输）两种。班轮运输是指船舶在固定的航线上和港口间按事先公布的船期表航行，从事客、货运输业务并按事先公布的费率收取运费。租船运输与班轮运输不同，船舶没有预定的船期表、航线和港口，船期、航线及港口均按租船人（Charterer）和船东（Shipowner）双方签订的租船合同（Charter Party）规定的条款行事。

根据船舶运营方式不同，国际船舶代理业务可分为班轮运输代理和不定期船运输代理两大类。

任务一 班轮运输代理业务

一、班轮运输概述

在航运实践中，班轮运输又可分为两种：一种是定期定线班轮（也称核心班轮），即船舶严格按照预先公布的船期表运行，到离港口的时间是固定不变的，也就是所谓的真正的定期定线班轮运输。另一种是定线不定期班轮（也称弹性班轮），即虽然有的船舶有确定的航线和船期，但船舶到离港口的时间有一定的伸缩性，中途挂靠港口可能增减，即所谓定线不定期的班轮运输。

为了保证班轮能够严格按照预先制定的船期表运行，班轮运输有别于其他营运方式的特点如下：

（1）货物批量小，货种繁多。从事班轮运输的船舶通常每一航次运输众多托运人的小批量不同种类的杂货，多为工业制品及半制成品。

（2）托运人通过向承运人订舱建立海上货物运输合同法律关系。船方接管货物或将货物装船后，签发提单作为海上货物运输合同的证明，并以此来明确船货双方的权利义务关系。

（3）在码头仓库或船边交接货物。托运人将货物运至船边或承运人指定的码头仓库，交由承运人接管或装船；收货人在船边或承运人指定的码头仓库提取货物。

（4）承运人负责货物装卸并承担费用。承运人负责货物装载和卸载作业，其费用计入运费之中。

（5）按班轮公司费率本或运价表计收运费。托运人或收货人按班轮公司费率本或运价表的规定，支付运费。

（6）通常不计算装卸时间和滞期/速遣费。承运人与托运人通常约定，托运人或收货人按船舶所能装卸货物的速度，提交或收取货物。否则，因延误而给承运人造成的损失，由托运人或收货人负责赔偿。

二、出口班轮船舶代理业务

1. 班轮货运出口流程

班轮货运出口流程如图 2-1 所示。

（1）托运人向船公司在装货港代理人（也可直接向船公司）提出货运申请，递交托运单，填写装货十联单。

（2）船公司同意承运后，船舶代理人指定船名，核对装货单（Shipping Order，S/O）与托运单上的内容无误后，签发 S/O，将留底联留下后退还给托运人，并要求托运人将货物及时送至指定的码头仓库。

（3）托运人持 S/O 及有关单证向海关、检验检疫部门办理货物出口报关、检验检疫等手续，海关在 S/O 上加盖放行章后，货物准许装船出口。

（4）船公司代理人根据留底联编制装货清单（L/L）送船舶、理货和装卸公司。

（5）大副根据 L/L 编制货物积载计划交给船舶代理人分送理货、装卸公司按

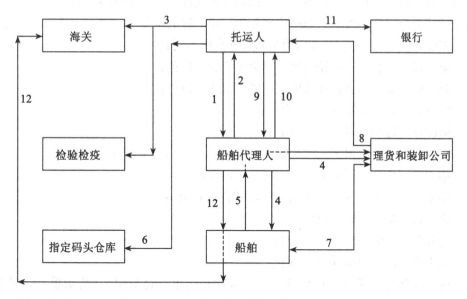

图 2-1　班轮货运出口流程图

计划装船。

（6）托运人将检验及检量过的货物送至指定码头仓库准备装船。

（7）货物装船后，理货组长将 S/O 交大副，大副核实无误后留下 S/O 并签发收货单（Mate's Receipt，M/R）。

（8）理货组长将大副签发的 M/R 交给托运人。

（9）托运人持 M/R 到船公司在装货港的代理人处付清运费（预付费情况下）换取正本已装船提单（Bill of Lading，B/L）。

（10）船公司在装货港的代理人审核无误后，留下 M/R 并签发 B/L 给托运人。

（11）托运人持 B/L 及有关单证到议付银行结汇（信用证支付方式下），取得货款。

（12）货物装船完毕，船公司在装货港代理人编制出口载货清单（M/F）送船长签字后向海关办理船舶出口手续，并将 M/F 交船随带，船舶起航。

2. 出口班轮主要货运单证

（1）场站收据（Dock Receipt，D/R）

场站收据又称港站收据或码头收据，是国际集装箱运输专用出口货运单证，一般是在托运人口头或书面订舱，与船公司或船舶代理人达成货物运输的协议，船舶代理人确认订舱，在承运人委托的码头堆场（Container Yard，CY）、货运站（Container Freight Station，CFS）或内陆 CFS 收到整箱货（Full Container Load，FCL）或拼箱货（Less Container Load，LCL）后，签发给托运人的证明已收到托运货物并对货物开始负有责任的凭证。托运人或其代理人可凭场站收据向船舶代理人换取已装船或待装船提单。场站收据是集装箱运输的重要出口单证，其标准格式一套共 10 联（不同的港、站使用的场站收据有所不同）：

第一联　集装箱货物托运单——货主留底　白色；

第二联　集装箱货物托运单——船代留底　白色；

第三联　运费通知（1）　白色；

第四联　运费通知（2）　白色；

第五联　场站收据副本——装货单（关单）　白色（S/O）；

第六联　场站收据副本——大副联　粉红色；

第七联　场站收据（正本联）　淡黄色（D/R）；

第八联　货代留底　白色；

第九联　配舱回单（1）　白色；

第十联　配舱回单（2）　白色。

场站收据是一份综合性单证，它把货物托运单（订舱单）、装货单（关单）、大副收据、理货单、配舱回单、运费通知等单证汇成一份，这对于提高集装箱货物托运效率和流转速度有很大的意义。

（2）集装箱预配清单

集装箱预配清单是船公司为集装箱管理需要而设计的一种单据，通常由货运代理人在订舱时或一批一单，或数批分行列载于一单，按订舱单内容缮制后随同订舱单据送船公司或其代理人，船公司配载后将该清单发给空箱堆存点，据以核发集装箱设备交接单和空箱。实践中，有的港口不使用集装箱预配清单。

（3）集装箱装箱单（Container Loading Plan，CLP）

集装箱装箱单是详细记载集装箱内所装货物的名称、数量等内容的单据。在班轮运输中，CLP 是非常重要的一张单据，它是发货人、集装箱货运站与集装箱码头堆场之间货物的交接单证；向船方提供的集装箱内所装货物的明细表，计算船舶吃水差、稳性的数据来源；在进口国和卸货地办理集装箱报税运输的单据之一；在发生货损时，处理索赔事故的原始单据之一。

（4）装货清单（Loading List，L/L）

装箱清单是根据装货联单中的托运单留底联，将全船待运货物按目的港和货物性质归类，依航次靠港顺序排列编制的装货单的汇总单。装货清单的内容包括船名、装货单编号、件数、包装、货名、毛重、估计立方米及特种货物对运输的要求或注意事项的说明等。

装货清单是大副编制积载计划的主要依据，又是供现场理货人员进行理货、港口安排驳运、进出库场以及掌握托运人备货及货物集中情况等的业务单据。当增加或取消货载时，船舶代理人应及时编制"加载清单"或"取消货载清单"，并及时分送各有关方。

（5）载货清单（Manifest，M/F）

载货清单也称"舱单"，是在货物装船完毕后，根据大副收据或提单编制的一份按卸货港顺序逐票列明全船实际载运货物的汇总清单。其内容包括船名及船籍、开航日期、装货港及卸货港，同时逐票列明所载货物的详细情况。载货清单是随船单证，也是办理船舶海关和检验检疫手续的单证之一。

（6）危险货物清单（Dangerous Cargo List）

危险货物清单是专门列出船舶所载运全部危险货物的明细表。其记载的内容除装货清单、载货清单所应记载的内容外，还特别增加了危险货物的性能和装船位置两项。为了确保船舶、货物、港口及装卸、运输过程的安全，包括中国港口在内的世界上很多国家的港口都专门对此作出了规定。凡船舶载运危险货物都必须另行单独编制危险货物清单。

（7）冷藏货物清单（Reefer Cargo List）

冷藏货物清单是专门列出船舶所载运全部冷藏货物的明细表。冷藏货物清单也是随船单证之一。缮制冷藏货物清单的主要目的是方便船方和码头对冷藏货物的照料、管理和运输。

3. 出口班轮船舶代理业务

在班轮出口业务中，船舶代理人负责的业务主要有以下四个方面：

（1）接受订舱

船舶代理人可以接受船公司的委托，在装货港代表船公司办理出口货物订舱工作。订舱（Booking）是托运人或其代理人向承运人或其代理人申请货物运输，承运人或其代理人对这种申请表示同意、给予承诺的行为。

船舶代理人在接受订舱前，应根据班轮公司所提供的信息，掌握承办订舱船舶所属航线、船舶预计抵港/离港日期、装卸港顺序，掌握船舶在本港可配箱量以及冷藏箱的箱位情况，以避免超配、超载现象。同时，船舶代理人在正式接受订舱前，应对托运人递交的托运单进行审核，若托运单的内容不符合要求和有关规定，应向托运人说明理由并建议托运人采取措施，以便能够接受托运。

（2）开具集装箱设备交接单

集装箱设备交接单（Equipment Interchange Receipt，EIR）是集装箱在流转过程中每个环节所发生变化和责任转移的事实记录，不同的船公司可以使用不同的格式。外代的设备交接单分进场单（In）和出场单（Out），各有三联。

如果托运人不使用货主箱（Shipper's Own Container，SOC），在办理订舱手续时，可以申请使用船公司箱（Carrier's Own Container，COC）。船舶代理人以配舱回单或预配清单等单证以及用箱人提供的用箱申请书作为开具 EIR 的依据。用箱人凭 EIR 到指定的空箱堆场提箱，并进行箱体的交接检验。

（3）缮制货运单证

各种货运单证是货方与船方之间办理货物交接的证明，也是货方、船方、港方等各有关方之间从事业务工作的凭据，还是划分货方、港方、船方各自责任的必要依据。因此，船舶代理人应根据代理合同的规定，缮制各种货运单证，以便于办理出口货运业务。

（4）签发提单

货物装上船后，班轮公司作为承运人应当根据托运人的要求签发提单。若班轮公司委托船舶代理人代签提单，代理人应根据船舶代理合同的规定办理，如果船舶代理合同中没有规定，则必须取得班轮公司的书面委托书。

三、进口班轮船舶代理业务

1. 班轮货运进口流程

班轮货运进口流程如图 2-2 所示。

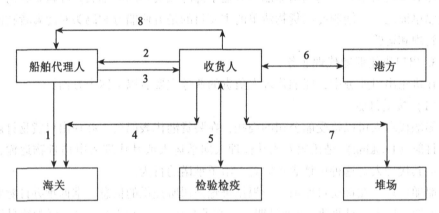

图 2-2　班轮货运进口流程

（1）船舶到港前，船公司的船舶代理人应及时将进口舱单信息转到海关。

（2）收货人或其货运代理人接到发货人的全套单据后，在船舶到港前与船公司的船舶代理人联系，确定船到港时间、地点，如需转船应确认二程船名，确认换单费、押箱费、换单的时间（注：全套单据包括带背书的正本提单或电放副本、装箱单、发票、合同）。

（3）收货人或其货运代理人凭着带背书的正本提单（如是电报放货，可带电报放货的传真件与保函）去船公司或船舶代理部门换取提货单和设备交接单。

（4）收货人或其货运代理人凭换来的提货单（第 1 联和第 3 联）并附上报关单据前去报关。

（5）若是法检商品应办理验货手续。海关通关放行后应去三检大厅办理三检。

向大厅内的代理报验机构提供箱单、发票、合同报关单，由它们代理报验。报验后，可在大厅内统一窗口交费，并在白色提货单上盖三检放行章。

（6）三检手续办理后，去港口大厅交港杂费。港杂费结清后，港方将提货联退给提货人供提货用。

（7）所有提货手续办妥后，收货人或其货运代理人可通知事先联系好的堆场提货。重箱由堆场提到场地后，应在免费期内及时掏箱以免产生滞箱。

（8）货物提清后，从场站取回设备交接单证明箱体无残损，去船公司或船舶代理部门取回押箱费。

2. 进口班轮主要货运单证

（1）到货通知书（Arrival Notice）

到货通知书是卸货港的船舶代理人在船舶到港后，或者在集装箱卸入集装箱堆场，或移至集装箱货运站并办好交接准备后，用书面形式向收货人发出的要求收货人及时提取货物的通知。目前集装箱班轮运输中普遍采用"交货记录"联单以代替件杂货运输中使用的"提货单"。到货通知书是《交货记录》联单中的一联。

（2）提货单（Delivery Order，D/O）

提货单又称"小提单"，但它不具有提单的流通转让的性质，它是船公司或其代理凭收货人持有的提单或保函而签发的提货凭证，收货人可凭此单到仓库或船边提取货物。提货单共分五联，白色提货联、蓝色费用账单、红色费用账单、绿色交货记录、浅绿色交货记录。

（3）交货记录（Delivery Record）

交货记录是场站或港区在向收货人交付货物时，用以证明双方之间已经进行货物交接和载明货物交接状态的单证。这是《交货记录》联单中的第五联。

（4）货物过驳清单（Boat Note）

货物过驳清单是驳船卸货时证明货物交接的单据，它是根据卸货时的理货单编制的，其内容包括：驳船名、货名、标志号码、包装、件数、舱口号、卸货日期等。由收货人、装卸公司、驳船经营人等收取货物的一方与船方共同签字确认。

（5）货物溢短单（Overlanded & Shortlanded Cargo List）

货物溢短单是指一批货物在卸货时，所卸货物与提单记载数字不符，发生溢卸或短卸的证明单据，该单由理货员编制，经船方和有关方（收货人、仓库）共同签字确认。

3. 进口班轮船舶代理业务

在班轮进口业务中，船舶代理人负责的业务主要有以下四个：

（1）接收和分发进口货运单证

在船舶抵港前，卸货港的船舶代理人应根据船舶靠港顺序查看是否已经收到EDI 数据报文，或者是否已经收到装港船舶代理人邮寄的进口货运单证，这些单证主要有：载货清单（载货运费清单）、提单副本、积载图、危险货物清单、重大件货物清单、冷藏货物清单、货物残损单等。

（2）催单

为了使收货人能够及时获悉载货船舶的抵港信息，及时办理提货事宜，承运人或其代理人在货物抵达卸货港时，应逐个向提单上记载的收货人或者通知人发送"到货通知书"。同时，这样做还可以避免货物在港口码头积压，影响码头堆场、仓库的正常作业。如果货物卸船后1个月，收货人仍未办理提货手续，应再次通知收货人或通知方提货，同时告知装港代理人和船公司。对于冷藏货物、鲜活货物等特殊货物，因港口无保管条件或不方便存放，应及时用电话等快捷方式通知收货人在船边提货。

（3）签发提货单

在实践中，通常由船舶代理人根据代理合同的规定为班轮公司代签提货单。船舶代理人除凭正本提单签发提货单外，还可以凭保函、海运单、电放通知签发提货单。收货人或其代理人凭借换取的提货单，办妥有关手续（如海关、检验检疫手续），到现场付清有关费用后方可提取货物。

（4）开具设备交接单

在集装箱运输中，船舶代理人对收货人提供的办完手续的提货单和《提箱申请书》等资料进行审核，在审核无误和提箱人交付用箱押金后，开具集装箱设备交接单给提箱人，供其到指定点提箱、返箱和检验交接。提箱人将空箱返还后，船舶代理人再将用箱押金返还给提箱人。

任务二　集装箱管理代理业务

一、集装箱基础知识

国际标准化组织（ISO），对集装箱的定义如下：集装箱（Container）是一种运输设备：

① 具有耐久性，其坚固程度足以能反复使用；

② 为便于商品运送而专门设计的，在一种或多种运输方式中运输时，无须中途换装；

③ 设有便于装卸和搬运的装置，特别是便于从一种运输方式转移到另一种运输方式；

④ 设计时注意到便于货物装满或卸空；

⑤ 具有 $1m^3$ 或 $1m^3$ 以上的内容积。

集装箱一般不包括车辆和一般包装。

我国相关国家标准中对集装箱下了与国际标准化组织相一致的定义。

为统一尺寸，方便集装箱的国际流通，国际标准集装箱系列（国际标准化组织

104 技术委员会（ISO/TC104）制定）按外部尺寸可分为 13 种（其中 1AAA 和 1BBB 两种高型箱是 1999 年 5 月 ISO/TC104 第 16 次会议上新增加的），如表 2-1 所示。

表 2-1　　　　　　　　　　　　国际标准集装箱系列

型号	外部尺寸及其公差（单位：mm）						角配件定位尺寸及形状偏差（单位：mm）				最大营运总质量 R（kg）
	高 H		宽 W		长 L		S	P	K1 max	K2 max	
	尺寸	公差	尺寸	公差	尺寸	公差					
1A	2 438										
1AA	2 591										
1AAA	2 896	0~5	2 438	0~5	12 192	0~10	11 985	2 259	19	10	30 480
1AX	<2 438										
1B	2 438										
1BB	2 591										
1BBB	2 896	0~5	2 438	0~5	9 125	0~10	8 918	2 259	16	10	25 400
1BX	<2 438										
1C	2 438										
1CC	2 591										
1CCC	2 896	0~5	2 438	0~5	6 058	0~6	5 853	2 259	13	10	24 000
1CX	<2 438										
1D	2 438										
1DX	<2 438	0~5	2 438	0~5	2 991	0~5	2 787	2 259	10	10	10 160

注：1. 表中所列尺寸是指在 20℃时测得的数值，在其他温度下测得的尺寸应由制造厂作相应修正；

2. S、P 的实际尺寸公差由 W、L 及角配件的有关尺寸决定，制造厂在制造时要予以控制，以保证使用要求。

为了便于识别集装箱，方便集装箱的流通和使用，也为了集装箱运输管理的需要，国际标准化组织也对集装箱标志进行了标准化规定，每一个集装箱均需在适当的位置涂刷若干永久性标记，集装箱的标记应字迹工整，牢固耐久，清晰易见，且不同于箱体本身颜色，具体标记位置见图 2-3。

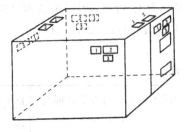
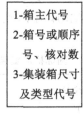

1-箱主代号

2-箱号或顺序号、核对数

3-集装箱尺寸及类型代号

图 2-3 集装箱标志

集装箱标记分为必备标记、自选标记和通行标记。必备标记包括集装箱箱号和一些作业标记。集装箱箱号由箱主代号、顺序号和核对数 10 位数字组成。作业标记包括额定质量、自重标记、超高标记、空陆水联运集装箱标记和登箱顶触电警告标记等。自选标记包括国籍代号、尺寸代号和类型代号。通行标志包括国际铁路联盟标记、安全合格牌照、集装箱批准牌照、检验合格徽等。

1. 箱主代号、顺序号、核对数

（1）箱主代号：是表示集装箱所有人的代号，箱主代号用四个拉丁字母表示（国内使用的集装箱用汉语拼音表示），前三位由箱主自己规定，第四个字母（即最后一个字母）规定用 U（U 为国际标准中海运集装箱的代号）。国际流通中使用的集装箱，箱主代号应向国际集装箱局登记，登记时不得与登记在先的箱主代号重复。如"COSU"表示为中国远洋运输公司所有。

（2）顺序号：为集装箱编号，用于区别同一箱主的不同集装箱。按相关国家标准的规定，顺序号用 6 位阿拉伯数字表示，如数字不足 6 位时，在数字前加"0"补足 6 位，如"001234"即是一种顺序号。各公司可根据自己的需要，以类型、尺寸、制造批号以及其他参数进行编号，以便于识别。

（3）核对数：核对数是由箱主代号的 4 位字母与顺序号的 6 位数字，通过一定方式换算而成的，用于计算机核对箱主代号与顺序号记录的正确性。核对数一般位于顺序号之后，用 1 位阿拉伯数字表示，并加方框以示醒目。如"COSU001234 2"的核对数是 2。

2. 最大总重、自重

（1）最大总重：用 MAXGROSS：××××（kg）表示，是集装箱的自重与最大载货重量之和，又称额定重量。对于各种型号的集装箱的最大总重，国际标准中都有具体的数字规定，它是一个常数，任何类型的集装箱装载货物后，都不能超过这一重量。

（2）自重：用 TARE ××××（kg）表示，是指集装箱的空箱重量。如：TARE 2 200kg。

二、集装箱交接方式和规定

1. 集装箱货物交接方式

集装箱货物的流通过程中，货物的集散方式有两种形态，一种叫整箱货（FCL），一种叫拼箱货（LCL）。所谓整箱货指由货主负责装箱，填写装箱单，并加海关封志的货物，习惯上整箱货只有一个发货人、一个收货人。所谓拼箱货系指由集装箱货运站负责装箱，填写装箱单，并加海关封志的货物，习惯上拼箱货涉及几个发货人、几个收货人。在集装箱运输中，根据整箱货、拼箱货的不同，其主要的交接方式有：

（1）整箱接、整箱交（FCL/FCL）

① 门到门（Door to Door）运输——托运人在工厂或仓库，将由他负责装箱的集装箱交承运人验收，承运人负责将集装箱运至收货人的工厂或仓库交付的全过程，称为门到门运输。门到门运输是集装箱运输的发展方向。

② 门到场（Door to CY）运输——从发货人的工厂或仓库，将集装箱运至目的港集装箱装卸区后方堆场交付的全过程。

③场到门（CY to Door）运输——从装船港的集装箱装卸区后方堆场，将集装箱运至收货人的工厂或仓库交付的全过程，称为场到门运输。

④场到场（CY to CY）运输——从装货港集装箱装卸区后方堆场，将集装箱运至目的港的集装箱装卸区后方堆场交付的全过程，称为场到场运输。在实践中，场到场运输是集装箱运输中最广泛采用的方式。

（2）拼箱接、整箱交（LCL/FCL）

① 站到门（CFS to Door）运输——从起运地的集装箱货运站，将集装箱运至目的地收货人的工厂或仓库交付的全过程，称为站到门运输。

② 站到场（CFS to CY）运输——从起运地的集装箱货运站，将集装箱运至目的港的集装箱装卸区后方堆场交付的全过程，称为站到场运输。

（3）整箱接、拼箱交（FCL/LCL）

① 门到站（Door to CFS）运输——从发货人的工厂或仓库，将集装箱运到目的港集装箱货运站拆箱交货的全过程，称为门到站运输。

② 场到站（CY to CFS）运输——从装船港集装箱装卸区后方堆场，将集装箱运至目的港集装箱货运站拆箱交货的全过程，称为场到站运输。

（4）拼箱接、拼箱交（LCL/LCL）

站到站（CFS to CFS）运输——从起运地集装箱货运站将集装箱运到目的地集装箱货运站拆箱交货的全过程，称为站到站运输。

2. 集装箱交接规定

交接地点是承运人与货方交接货物、划分责任风险和费用的地点。在集装箱运输中，根据实际需要，货物的交接地点并不固定。目前集装箱运输中货物的交接地点有船边或吊钩、集装箱堆场、集装箱货运站和其他双方约定的地点。

（1）集装箱的发放、交接

集装箱及集装箱设备的发放、交接，应依据《进口提货单》、《出口订舱单》或《出口集装箱预配清单》及这些文件内列明的集装箱交付条款，实行《集装箱设备交接单》制度。从事集装箱运输业务的单位，必须凭集装箱代理人签发的《集装箱设备交接单》办理进出口集装箱及集装箱设备的提箱（发箱）、交箱（收箱）、进场、出场手续。

在集装箱运输过程中，设备交接单是一种非常重要的单证，它是由外代提供给用箱人据此向港站提取或回送集装箱及其设备，并由交接双方签字确认，以此作为划分箱体在使用过程中损坏责任的一种凭证，是掌握箱子的流向和移动信息、对集装箱进行跟踪和管理的重要手段，也是外代向用箱人收取集装箱超期使用费的依据。

集装箱交接时，交接双方应当检查箱号、箱体和封志。有下列情况之一者，应当在设备交接单上注明：

　　a. 箱号及装载规范不明，封志脱落；

　　b. 擦伤、破洞、漏光、箱门无法关启；

　　c. 焊缝爆裂；

　　d. 凹损超内端3cm，凸损超角件外端面；

　　e. 箱内污染或有虫害；

　　f. 装过有毒有害货物未经处理；

　　g. 箱体外贴有前次危险品标志未经清除；

　　h. 集装箱附属部件损坏或灭失；

　　i. 特种箱机械、电器装置异常；

　　j. 集装箱安全铭牌丢失。

（2）交接责任划分

船方与港方交接以船边为界。

港方与货方（或其代理人）、内陆（公路）承运人交接以港方检查桥为界。

堆场、中转站与货方（或其代理人）、内陆（公路）承运人交接以堆场、中转站道口为界。

港方、堆场、中转站与内陆（水路、铁路）承运人交接以船边、车皮为界。

（3）交接标准

　　a. 重箱。箱体完好、箱号清晰，封志完整无误；特种集装箱的机械、电器装置运转正常，并符合进出口文件记载要求。

　　b. 空箱。箱体完好、水密、无漏光、清洁、干燥、无味，箱号及装载规范清晰，特种集装箱的机械、电器装置无异常。

c. 异常情况应注明。凡箱号及装载规范不明、不全、封志被损、脱落、丢失、无法辨认或与进出口文件记载不符，箱体结构不符合 ISO 标准，擦伤、割伤、破洞、漏光、不水密、箱门无法关启，焊缝爆裂，凹损超内端面 3cm，凸损超角配件外端面，箱内污染或有虫害，装过有毒有害货物未经处理，集装箱附属部件损坏或灭失，特种集装箱机械、电器装置异常，集装箱安全铭牌丢失等，均应在《进（出）场集装箱设备交接单》上注明。

三、集装箱管理代理业务

集装箱管理代理业务是指集装箱管理代理人（简称箱管代理人）接受班轮公司的委托，对集装箱及集装箱设备的使用、租用、调运、保管、发放、交接等工作进行管理。

1. 进口重箱提箱（发箱）、出场交接

（1）进口重箱提离港区、堆场、中转站

货方（或其代理人）、内陆（水路、公路、铁路）承运人应持海关放行的《进口提货单》到集装箱代理人指定的现场办事处办理集装箱发放手续。

（2）集装箱代理人应履行的手续

集装箱代理人依据《进口提货单》、集装箱交付条款和集装箱运输经营人有关集装箱及集装箱设备使用或租用的规定，向货方（或其代理人）、内陆承运人签发《出场集装箱设备交接单》和《进场集装箱设备交接单》。

（3）货方（或其代理人）、内陆承运人应履行的手续

货方（或其代理人）、内陆承运人凭《集装箱设备交接单》到指定地点办理整箱提运手续，凭《出场集装箱设备交接单》到指定地点提取整箱，并办理出场集装箱设备交接；凭《进场集装箱设备交接单》将拆空后的集装箱及集装箱设备交到集装箱代理人指定的地点，并办理进场集装箱设备交接。

（4）收、发箱地点应履行的手续

指定的收、发箱地点，凭集装箱代理人签发的《集装箱设备交接单》受理整箱提运手续；凭《出场集装箱设备交接单》发放整箱，并办理出场集装箱设备交接；凭《进场集装箱设备交接单》收取拆空后的集装箱及集装箱设备，并办理进场集装箱设备交接。

2. 出口重箱交箱（收箱）、进场交接

（1）货方（或其代理人）、内陆承运人应履行的手续

出口重箱进入港区，货方（或其代理人）、内陆承运人凭《集装箱出口装箱单》、《进场集装箱设备交接单》到指定港区交付重箱，并办理进场集装箱设备交接。

（2）港区应履行的手续

指定的港区凭《集装箱出口装箱单》和《进场集装箱设备交接单》收取重箱，并办理进场集装箱设备交接。

（3）交接双方应履行的责任

出口重箱凡有残损，或船名、航次、提单号、目的港、箱号、封志号与《集装箱出口装箱单》不符以及与《进场集装箱设备交接单》列明箱号不符者，指定港区应拒绝收箱。特殊情况必须征得集装箱代理人同意。因拒绝收箱而产生的费用由责任方承担。

3. 空箱进场、出场、发放、交接

（1）出口货载用箱提运

空箱提离港区、堆场、中转站，货方（或其代理人）、内陆承运人应向集装箱代理人提出书面申请。集装箱代理人依据《出口订舱单》或《出口集装箱预配清单》，向货方（或其代理人）、内陆承运人签发《出场集装箱设备交接单》和《进场集装箱设备交接单》。

（2）其他用途空箱提运

因检验、修理、清洗、熏蒸、退租、转租、堆存、回运、转运需要，空箱提离港区、堆场、中转站，货方（或其代理人）、内陆承运人或从事集装箱业务的有关单位，应向集装箱代理人提出书面申请。集装箱代理人依据委托和被委托关系或有关协议，向货方（或其代理人）、内陆承运人或从事集装箱业务的有关单位签发《出场集装箱设备交接单》和《进场集装箱设备交接单》。

（3）货方（或其代理人）、内陆承运人等应履行的手续

货方（或其代理人）、内陆承运人或从事集装箱业务的有关单位，凭《集装箱设备交接单》到指定地点办理空箱提运手续；凭《出场集装箱设备交接单》到指定地点提取空箱，并办理出场集装箱设备交接；凭《进场集装箱设备交接单》到指定地点交付重箱或空箱，并办理进场集装箱设备交接。

（4）收、发箱地点应履行的手续

指定的收、发箱地点凭集装箱代理人签发的《集装箱设备交接单》受理空箱提运手续；凭《出场集装箱设备交接单》发放空箱，并办理出场集装箱设备交接；凭《进场集装箱设备交接单》收取装箱的出口重箱或已完成事先约定业务的集装箱及集装箱设备，并办理进场集装箱设备交接。

4. 集装箱跟踪管理

集装箱的跟踪管理是船舶代理人接受海上承运人、集装箱经营人、集装箱出租人、多式联运经营人、无船承运人或国际货运代理人的委托，对在其管辖区域范围内的集装箱和集装箱设备进行全程跟踪和综合管理。它是连接船、港、货和公路、铁路、水路运输的纽带，是国际集装箱运输业中一项十分重要的基础工作。由于国

际集装箱运输是多式联运，环节多，涉及面广，行业跨度大，加上集装箱数量大和流动性强的特点，因此，集装箱的跟踪管理可以说是一项复杂的社会系统管理工程。

集装箱跟踪管理的业务范围：根据船公司和委托方的要求，负责管辖区域范围内各个码头和场站集装箱的跟踪、盘存和管理，办理集装箱进出口的报关、报验、放箱、收箱、调运、查询、起租、退租、转租、买卖、检验、修理、改装、清洗、熏蒸、商检、卫检、动植检以及收取集装箱管理的各项费用、进行账单审核等工作，按规定和要求定期向船公司和委托方提供集装箱的各种动态信息报告，并将集装箱的进出口动态和移动信息及时、完整、准确地输入电脑，对集装箱进行动态管理。

任务三　租船船舶代理业务

一、航次租船概述

航次租船的"租期"取决于航次运输任务是否完成。由于航次租船并不规定完成一个航次或几个航次所需的时间，因此船舶所有人对完成一个航次所需的时间是最为关心的，他特别希望缩短船舶在港停泊时间。由于承租人与船舶所有人对船舶装卸速度有不同的要求，所以在签订租船合同时，承租双方还需约定船舶的装卸速度以及装卸时间的计算办法，并相应规定滞期费率和速遣费率的标准和计算方法。

在航次租船业务中，船舶的营运调度由船舶所有人负责，船舶的燃料费、物料费、修理费、港口费、淡水费等营运费用也由船舶所有人负担，船舶所有人负责配备船员，负担船员的工资、伙食费。在租船合同中需要订明货物的装卸费由船舶所有人或承租人负担。在租船合同中需要订明可用于装卸时间的计算方法，并规定滞期费和速遣费的标准及计算办法。航次租船的"租金"通常称为运费，运费按货物的数量及双方商定的费率计收。

在航次租船中，根据船舶承租人对货物运输所需要的航次情况，往往将航次租船经营方式分为以下几种：

1. 单航次程租（Single Trip Charter）

单航次程租是指只租一个航次的租船。船舶所有人负责将指定货物由一港口运往另一港口，货物运到目的港卸货完毕后，合同即告终止。

2. 往返航次租船（Return Trip Charter）

往返航次租船是洽租往返航次的租船，指一艘船在完成一个单航次后，紧接着在上一航次的卸货港（或其附近港）装货，驶返原装货港（或其附近港口）卸货，货物卸毕合同即告终止。从实质上讲，一个往返航次租船包括两个单航次租船。

3. 连续单航次租船（Consecutive Single Voyage Charter）

连续单航次租船是洽租连续完成几个单航次的租船。在这种方式下，同一艘船舶在同方向、同航线上连续完成规定的两个或两个以上的单航次，合同才告结束。这种运输方式主要适用于某些货主拥有数量较大的货载，一个航次难以运完的情况。连续单航次租船合同可按单航次签订若干个租船合同，也可以只签订一个租船合同。

4. 连续往返航次租船（Consecutive Return Voyage Charter）。

连续往返航次租船是洽租连续完成几个往返航次的租船。被租船舶在相同两港之间连续完成两个以上往返航次的租船运输后，航次租船合同结束。由于货方很难同时拥有较大数量的去程和回程货载，这种运输方式在实际业务中较少出现。

5. 包运租船（Contract of Affreightment，COA）

包运租船是指船舶所有人向承租人提供一定吨位的运力，在确定的港口之间，按事先约定的时间、航次周期和每航次较为均等的运量，完成合同规定的全部货运量的租船方式。

二、航次租船货运相关知识

1. 装卸费用

在航次租船中，装卸费用的分担完全以合同条款的具体约定为依据。如果航次租船合同里规定船东负担装卸费，并且船东是委托方，则船舶代理人索汇的备用金必须包括装卸费，而且装卸费通常在港口使费中所占的比例较大。在航次租船中，委托方在委托电中都会告诉船舶代理人货物的装卸费用条款。

航次租船合同中，对装卸费用的分担常见的约定条款有：

（1）班轮条款（Liner Terms，Berth Terms）

班轮条款又称船舶所有人负担装卸费用条款。该条款规定船舶所有人负担雇佣装卸工人的费用，支付货物的装、卸及堆装费用。也就是说承租人应将货物送至码头船舶吊钩下，船方在吊钩所及的地方接收货物；在卸货港船方应将货物卸至船边码头上，收货人在船舶吊钩下提取货物。在航次租船合同中，也有把这种费用分担条款写成 FAS（Free Alongside Ship）的，其含义与班轮条款相同。

（2）船舶所有人不负担装卸费、堆货费及平舱费条款（Free In and Out, Stowed and Trimmed，FIOST）

该条款与班轮条款相反，船舶所有人不负担有关装卸的所有费用，雇佣装卸工人的费用及有关装卸费用都由承租人负担。按照这个含义，装运大件货物需要绑扎时的绑扎费及所需的绑扎材料当然应该由承租人负担，但为了避免争执，在运输大件货物时，合同中常记明"FIOS Lashed"，以明确船舶所有人不负担绑扎费。

（3）船舶所有人不负担装卸费条款（Free In and Out，FIO）

该条款是指由承租人在装、卸两港负担雇佣装卸工人的费用及支付货物的装、卸费用。

（4）船舶所有人不负担装货费条款（Free In，FI）

该条款是指在装货港由承租人负担装货费用，在卸货港由船舶所有人负担卸货费用。

（5）船舶所有人不负担卸货费条款（Free Out，FO）

该条款是指在装货港由船舶所有人负担装货费用，在卸货港由承租人负担卸货费用。

2. 装卸时间

（1）装卸时间的概念

"波罗的海国际航运公会"（BIMCO）等国际航运组织联合编制的《1980 年租船合同装卸时间定义》，将装卸时间（Laytime）定义为：合同当事人双方约定的船舶所有人使船舶并且保证船舶适于装/卸货物，无须在运费之外支付附加费的时间。船舶所有人在考虑航次租船的运费时，已将正常的船舶在港停泊时间（包括装卸货物的时间）和船舶在港停泊时间所发生的港口使费作为成本要素包括在运费之内，因此，如果承租人在约定的装卸时间内将货物装完和卸完，使船舶如期开航，航次如期结束，则船舶所有人不能再向承租人索取其他任何报酬。

（2）装卸时间的规定方法

关于装卸时间，在不同的租船合同中有着不同的规定，一般在合同中直接规定装卸日数为多少天，或通过规定装卸率的方式，根据船舶装卸效率定额，确定装卸时间。也可以按照港口的习惯尽快装卸，这种方法没有固定的装卸时间，而是根据港口的情况尽可能快地进行装卸。还可以船舶能够收货或交货的速度进行装卸，这种方法只考虑船舶的因素，是在船舶完全处于工作状态时，能够最大限度地进行装卸货的情况下，所计算出的装卸时间，而不管港口实际装卸效率如何。

（3）滞期费（Demurrage）和速遣费（Dispatch）

如果承租人未能在约定的装卸时间内将货物装完或卸完，也就是说因货物未装完或卸完而延长了船舶在港的停泊时间，从而延长了航次时间，这对船舶所有人来说，既可能因在港停泊时间延长而增加了船舶的港口使费，又可能因航次时间延长而减少了船舶所有人的营运收入。对于这种损失，船舶所有人自然会要求承租人支付一笔费用来赔偿或补偿这些损失，也就是通常所说的滞期费。

与此相反，如果承租人能在约定的装卸时间之前将全部货物装完和卸完，从而缩短船舶在港停泊时间，使船舶所有人可以更早地将船舶投入下一个航次的营运而取得新的运费收入。为了奖励承租人为缩短装卸时间所作的努力，或者说为补偿承租人为了加快装卸进度而增加的费用，船舶所有人需支付给承租人相应的奖金或补偿金。这种奖金或者说补偿金就是通常所说的速遣费，速遣费通常为滞期费的 50%。

（4）装卸日的含义

除了按港口习惯尽快装卸，装卸时间不确定外，其他规定装卸时间的方法最终都是为了明确装卸货物的日数，它们对装卸日有着不同的定义。对装卸日的不同定义，会使计算出的装卸时间完全不同，从而影响滞期费和速遣费的计算结果。因此航次租船合同中要用一个具有一定含义的"日"来表示并计算装卸时间。以下介绍几种有关装卸日的表述方法：

a. 连续日（Running Days or Consecutive Days）

连续日即按自然日计算，从午夜的零点到午夜的零点，其中没有任何的扣除。以这种方式表示装卸时间时，日历上有一日算一日，无论是星期天或节假日，还是实际不可以进行装卸作业的时间（阴天下雨、罢工或其他情况）均包括在"连续日"中。

b. 工作日（Working Days）

工作日即不包括星期日和法定节假日，港口可以进行装卸工作的日数，即使在非正常工作时间内进行了装卸作业，所用的时间也不计为装卸时间。根据各港口具体情况的不同，工作日的正常工作时间也有所不同，分别有 8 小时、16 小时、24 小时。

c. 晴天工作日（Weather Working Days）

晴天工作日是指，除星期日和法定节假日外，因天气不良而不能进行装卸作业的工作日也不计入装卸时间。习惯上，在航次租船合同中注明"良好天气工作日，星期天和节假日除外"（Weather Working Days, Sunday and Holiday Excepted, W. W. D, SHEX）。

d. 24 小时晴天工作日（Weather Working Days of 24 Hours）

这种表示方法无论港口规定的工作时间是多少，以累计晴天工作 24 小时作为一晴天工作日。也就是说，若港口的工作时间是每天 8 小时，那么一个 24 小时晴天工作日就相当于 3 个正常工作日，这种规定对出租人是不利的。

e. 连续 24 小时晴天工作日（Weather Working Days of 24 Consecutive Hours）

使用这种术语，无论港口规定的工作时间是多少，均按 24 小时计算。即除去星期天、节假日和天气不良影响作业的工作日或工作小时后，其余的时间从午夜到午夜连续计算。这是目前租船市场上采用较多的表示装卸时间的方法。

3. 装卸时间的起算、中断和止算

（1）装卸时间的起算

关于装卸时间的起算时间，各国法律规定或习惯并不完全一致，通常按航次租船合同的约定办理。一般在租船合同中都规定自递交装卸准备就绪通知书（Notice of Readiness，N/R or NOR）开始计算装卸时间。目前经常采用的方法有：

　　a. 递交和接受 N/R，24 小时后起算装卸时间；

　　b. 上午递交 N/R，于当日下午 2 点起算装卸时间；

　　c. 不论在上午或下午递交 N/R，从次日上午 8 点起算装卸时间。

　　（2）装卸时间的中断

　　在普通法中，没有中断装卸时间的规定，但在英美法中，船舶出租人的过失或原因导致不能装卸，不能装卸的时间可以从装卸时间中扣除。因此，一般情况下，要想中断装卸时间的计算，除了船舶出租人的过错外，必须在航次租船合同中有明确规定，发生合同中规定的装卸中断事项时，才中断装卸时间的计算。

　　（3）装卸时间的止算

　　航次租船合同中，一般并没有规定装卸时间的止算时间，但习惯上都以货物装完或卸完的时间作为装卸时间的止算时间。

三、装卸准备就绪通知书的递接

　　1. 递交装卸准备就绪通知书

　　装卸准备就绪通知书是船舶到达装货港或卸货港后，由船长向承租人或其代理人发出的，说明船舶已经到达装/卸港口或者泊位，并在各方面具备了装卸条件，做好了适于作业准备的一种书面通知。

　　装卸准备就绪通知书是船舶代理业务中经常接触到的文件，不仅具有通知装卸准备工作就绪的作用，而且还是计算装卸时间的重要依据。船长在船舶到达装货港（或卸货港）并在各方面为装货（或卸货）做好准备后，应立即向承租人或其代理人递交装卸准备就绪通知书。

　　2. 装卸准备就绪通知书递交的条件

　　递交装卸准备就绪通知书必须具备以下三个条件：

　　（1）船舶已经抵达合同中指定的港口或指定的泊位，即船舶必须是一艘"已到达船舶"（Arrived Vessel）。"已到达船舶"的抵达地点，根据航次租船合同是"港口合同"（Port Charter Party），还是"泊位合同"（Berth Charter Party）而定。

　　（2）船舶已经在各方面做好装货或卸货的准备

　　船舶已经在各方面做好装货或卸货的准备是指可以立即进行装货或卸货作业。装卸准备就绪通知书不能提前递交，只有船舶在各方面做好装卸货准备的情况下才能递交，而且不能在装卸准备就绪通知书中说明"船舶将于未来的某时间准备妥当"。若按规定船舶必须通过海关、边防机关或移民局、卫生检疫部门的检查，则需要经过这些检查，并取得相关证书。

　　（3）在合同规定的时间内递接

　　船舶抵港后，应在当地的办公时间内递交 N/R。因此，星期天或法定节假日不能递交 N/R，如果合同中明确规定了递交 N/R 的具体时间，则船方必须在合同规定的时间内递交 N/R。

四、装卸时间事实记录的缮制

1. 装卸时间事实记录

装卸时间事实记录是船舶在港口装卸时间的记录，是计算实际装卸时间和速遣或滞期时间的重要依据。在船舶进行装卸货物的过程中，通常可以由船舶代理人代表出租人和承租人详细地进行有关货物装卸情况的记录，货物装卸完毕后，在船长、承租人或其代理人相互核对的基础上，签署装卸时间事实记录。

2. 装卸时间事实记录的内容

装卸时间事实记录的具体内容有：船舶抵港时间；递接通知书的时间；船舶通过检疫时间；船舶移泊、靠泊时间；开始装卸时间；办完进口手续时间；因故中断作业和重新作业的起止时间；星期天、节假日、天气不良、装卸设备故障、等待货物等停止工作或待时的起止时间；装卸完毕的时间和装卸货物的数量等。

3. 缮制装卸时间事实记录的方法

船舶在港作业期间，船舶代理公司外勤业务员每天应至少登船一次，掌握生产作业情况、船舶每天装卸进度，并做好记录，记录必须有始有终。在装卸作业现场，外勤业务员应经常与装卸组长、理货长核对，避免记录出现差错。外勤业务员应经常与船方核对，发现问题及时协商解决，不要拖到开船时处理，否则可能影响船舶开航。

装卸事实记录的记录用词应尽可能精练、准确。船舶开航前，船舶代理人将缮制好的装卸事实记录交船长审核签字盖章确认，然后双方各执两份。共同签署时，船舶代理人应注明其为代理人。

任务四　其他船舶代理业务

一、船舶交接代理业务

1. 交还船代理业务

（1）交船业务

租船人在市场上签订租船合同，双方约定船东将船舶在某地某时，按租约规定条件交付租船人使用，对船东来讲是交船，而对租船人来讲则是接船。船舶交接之时，即船舶起租和租金起算之时。

交船方式有四种：一是在租方指定的港口泊位交船；二是在租方指定的港口，引水员上船/下船时交船；三是在租方指定的港口引水站交船；四是在船过某一位置时交船。此外，也有约定"船舶在卸港卸货完毕即交船"，或者"船舶在某港不论何时，准备好就交船"。

在交船时，必须符合相应的交船条件，具体包括：装货条件已准备就绪，即船舶所有货舱都已具备了装货条件，租船人可以完全支配所有货舱的使用；船上各种设备，如起货机械、灭火设备等必须完好，符合租约规定；船舶必须处于适航状态，如不符合租约规定，租船人有权拒绝接船，否则船东交船后就等于租船人放弃了本来可拒绝接受的权利；接船时船舶的一切证件必须齐全且有效。

（2）还船业务

按照租约的规定，租船人必须在租约规定的时间和地点内，将租用的船舶交还给船东，这叫做还船。通常有如下几种还船方式：

a. 卸毕还船。这是一种经常采取的还船方式，这种方式租船人可在货物卸毕（或垫料卸毕清舱完成后）即刻还船，从而结束租赁关系。

b. 引水员在锚地下船后还船。

c. 引水员上船后还船，这种方式多数是船舶的下一航次已经安排妥当，船东担心自货物卸毕到实际开船这段时间拖得太长，影响其下一航次的任务，为促使租船人尽快安排开船而提出。

2. 买卖船的交接代理

船舶代理人大多是接受卖方的委托，代办船舶买卖的交接工作。船舶代理人在办理交接工作前，必经卖方的书面委托，在委托书中列明买方名称、交接条件和有关船员遣返的事项，同时还要取得船舶买卖合同的副本，代理人接受委托后，应立即通知买方作好接船工作，并办理船舶进口申报手续。

买卖船舶通常不预付定金，船舶到港后，买方或其代理人先行登船对船舶状况进行查验或试航，认为符合买卖合同要求后，买方才向卖方付款。卖方收到船款后再发交船电报给船长，指示船长交船。船长接到交船授权之后，代理人应与买方或其代理人和船长一起商定具体的交船时间和交船地点。然后通知和安排海关和港口当局进行必要的检查和必要的处理，并编制接船证书，作为买卖船舶办妥交接的凭证。

交接船舶后，船员离船，船舶代理人应按委托方的委托，办理船员的遣返工作。船员遣返工作结束后，结算各项费用，买卖船舶交接的代理工作即告结束。

二、船舶服务代理业务

1. 船员服务代理业务

国际航行的船舶在从事营运业务的过程中需要停靠在船员所在地以外的港口，因此需要在船舶停靠的港口办理船员的遣返工作。船员上船接班、下船遣返工作都可以由船舶代理人安排。

（1）船员遣返代理业务

a. 接受船员接班和遣返委托。船舶代理人如果接受委托方或船方的现场委托，应向委托方或船方索要有关信息，以便安排接班和遣返工作。在接受委托时，船舶代理人必须明确船员接班和遣返的费用由谁承担。一般情况下，费用由船东承担。

b. 遣返船员的签证。签证是一个国家主管机关在外国公民所持有的护照上签注、盖章，表示准其出入本国国境。海员证可以作为身份证明的有效文件，可以委托船舶代理人办理。

c. 安排船员上、下船。船舶代理人应掌握船员接班、遣返的总体安排。委托办理的船员接班和遣返事项完成后，船舶代理人应及时向船东汇报办理情况和安排结果。

（2）船员就医

根据委托方的书面委托，船舶代理人应安排船员前往医院就医，就医结束后，应将医生诊断证明交船方。如果遇到特殊病情，船员需要住院治疗的，船舶代理人在征得船长或委托方的同意后才可以办理。船舶代理人应将安排船员就医的情况和结果及时向委托方汇报。如果费用较大，还需向委托方索汇。

（3）船员信件

船舶代理人应及时将船员的信件送到船上，并与船长或有关人员办理交接手续。如果收到信件时船已离港，船舶代理人应及时与委托方联系，索要船舶下一个挂靠港船舶代理人的地址等相关信息，并将有关的信件转寄给下一挂靠港的代理人。

（4）船员登陆

船舶抵港后，若有船员需登陆和住宿的，船舶代理人应协助船方向边防检查站申请办理登陆、住宿手续。经批准登陆、住宿的船员及其随行家属必须按规定的时间返回船舶。登陆后有违法行为，尚未构成犯罪的船员，应责令其立即返回船舶，并且不得再次登陆。除了上述几项外，船员服务还有外籍船员打预防针等其他项目。船舶代理人遇到有其他的船员服务需要时，也应给予服务和向有关方申请办理。

2. 船舶供应代理业务

船舶长期在海上航行，挂靠港口时需要补充船上生产和船员生活所需的物资。船舶供应是给船舶供应所需物资的统称。需要供应的物资包括燃油、润滑油、淡水；需要供应主、副食品、烟酒饮料、船用物料、垫舱物料、船舶配件、化工产品和国外免税商品；还需要供应海员个人需要的各类商品等。

船舶代理人接到委托方船舶供应有关事项的委托时，应先评估委托事项是否合法可行，落实供应方，然后向委托方确认，并在落实费用后要求供应方提供物资。船舶代理人要总体安排船舶供应，协调好船舶供应的时间，并在现场做好协调配合工作。

3. 船舶修理代理业务

船舶修理的目的是，通过修理更换已经磨损的零件、附属设备，使设备的精度、工作性能、生产效率得以恢复。通常可以将船舶修理分为以下几种：

（1）坞修。坞修主要是对船壳和船舶水下部分进行清洁、除锈，油漆并对海底阀门、推进器、舵等进行的检查修理。

（2）小修。小修是指按规定周期有计划地结合船舶年度检验进行修理的小工程，主要是对船体和主副机等进行重点检查，并修复过度磨损的部件或配件，使船舶能安全营运到下一次计划修理时期。

（3）大修。大修是指按规定周期，结合船舶"定期检查"进行修理的工程，其目的是对船体和主要设备进行一次系统的全面检查，重点修复在小修时不能解决的大缺陷，以保证船舶强度和设备的安全运转。

船舶代理人接到委托方或船长关于要求在港进行船舶修理的申请后，应立即通知修理方进行项目检验和修理费用预测，然后通知委托方并得到其确认后，才能联系修理方实施修理。除专程来港修理的船舶外，在锚地修理主机、舵机、锚机或油轮、装有液化气等危险品的船舶要在港进行明火作业，均需海事局特批。

【任务总结】

海上货物运输有杂货班轮运输、集装箱班轮运输、租船运输等不同的营运方式，因此作为国际船舶代理人也必须有针对性地进行各项代理工作，其业务范围也会有所不同。

在学习本情境时，需要掌握以下几方面的内容：

1. 了解班轮运输的相关概念，熟悉班轮进出口业务中涉及的各种单证；
2. 掌握国际船舶代理在从事班轮进出口代理工作时的业务范围；
3. 熟悉集装箱的定义、标记及其交接方式；
4. 掌握国际船舶代理在从事集装箱管理代理工作时的业务范围；
5. 掌握国际船舶代理中的租船运输代理业务；
6. 熟悉船舶交接、船舶服务等其他各项代理业务。

【思考与练习】

1. 班轮运输主要进出口单证有哪些？简单描述一下这些单证在班轮运输进出口货运流程中的用途和船舶代理人所负责的工作内容及与其相关的单证。

2. 集装箱的定义是什么？集装箱的交接方式有哪些？船舶代理人在集装箱运输管理代理中负责哪些工作？

3. 国际船舶代理人在航次租船运输代理中从事哪些业务？

4. 船舶修理的目的是什么？可以分为哪几种不同的修理方式？

学习情境三 | # 国际船舶代理委托关系的确立

☞ 学习目标

终极目标：学会正确建立国际船舶航次代理委托关系。

促成目标：

（1）学会识读和撰写建立船舶代理关系的往来函电与合约；

（2）能按法律法规、港口规定及实际情况对委托进行评审；

（3）能根据评审结果决定是否与对方建立船舶代理合作关系并以书面形式进行约定。

☞ 知识介绍

我国《合同法》第396条规定："委托合同是委托人和受托人约定，由受托人处理委托人事务的合同。"据此，船舶代理关系必须经过委托人的委托和代理人的接受，即经过船舶所有人或经营人或承租人提出代理的要求并经代理人同意，船舶代理关系方告建立。

代理关系的建立，通常采取双方谈判，签订书面合同的方式，也可以由委托方用函电形式（包括电报、电传、传真、电子数据交换和电子邮件），将委托事项告知代理，双方就委托事项和代理费达成一致，经代理确认后生效。当然，代理人在答复接受之前，应当对委托事项进行评审。如果委托事项合法可行，则可以接受；如果违反港口当局的规定或因港口条件限制，则不宜接受，但应明确答复并说明原因。

任务一　长期代理关系和航次代理关系确立

一、长期代理关系

长期代理关系是指委托方根据船舶运营需要，事先与代理人充分协商，以书面形式签订一次委托长期有效（一年或几年）的代理关系。在合同的有效期内，委托方只需在每航次船舶抵港前，通知代理到船时间、船名、船舶规范和载货情况，不需要逐船逐航次委托。委托方应建立往来账户，预付适当数量的备用金，供船舶逐航次使用。

班轮公司与代理公司一般都签订长期代理协议（一年或两年），到期后双方再商定是否续签。除更换船舶、班期调整等情况外，班轮公司不需要每航次给代理公司发通知，代理公司应根据班轮公司的船期表和船长的预计抵港电按时安排好工作。

国际上较大规模的船东经营定期班轮航线（特别是集装箱班轮航线），一般逐步趋向于在主要挂靠港口成立专门的自营代理公司来负责港口的船舶代理业务，进行揽货、船舶代理现场操作、集装箱管理和港口使费结算等工作。我国外代系统的长期代理协议都由总公司出面签订，分公司不能直接对外签订长期代理协议。签订长期代理协议一般需要建立长期往来账户，委托方预付一笔双方商定数额的港口使费备用金后，代理定期与委托方对账，备用金数额不足时，由委托方追加汇付。

长期代理协议一般都会写明协议的有效期和协议终止、续期的条件及方式，只需根据协议相关条款执行即可。如委托方因航线变更撤线或因经营决策停航，在协议有效期间不再有其经营的船舶挂靠协议规定的代理辖地，协议就名存实亡了，一般不需要办理终止手续。如在协议存续期间一方发生重大经营结构体制变化，如被收购、并购、资产被抵押、转产、改名或破产等，有义务通知另一方，另一方根据协议规定可以做出相应决策。协议存续期间，任何一方需要终止协议，应按照协议规定的条件向对方以可查核验证的方式发出书面通知。一般协议普遍规定在一方接到另一方关于终止协议的书面通知之日起一段时间（如三个月）后，协议即告终止。这是因为双方都需要对协议终止做出相应的安排，如对账和清账、业务和人员调整等。在欧洲国家，委托方在代理人无严重过错或违约的情况下提出终止协议、更换代理的要求，往往需要给予代理相应的经济补偿，包括人员遣散、专用设备的处理等，代理一般会参照其最近三年的利润总额作为索赔额提起诉讼。代理协议条款中订有有效期条款的，一般也同时会订有协议自动续期的条款，即协议到期后，双方没有任何一方提出异议，协议则自动延期×年，以后也以此类推，这也是简化协议续期手续的一个常用办法。

不同的国家有不同的代理协议范本，一般都是由船舶代理行会（协会）征求各成员代理公司意见后公布，供各成员参考和选择使用。长期代理协议一般应由双方法人代表或全权授权代表来签署，代理公司应尽量备好自己的长期代理协议范本。一旦需要签订代理协议，应尽量争取采用自己的范本，这样有利于加速谈判进程和保护自己的利益，不会造成协议重要内容遗漏，可以防止今后出现争议或签补充协议的情况。协议可分为集装箱船舶代理协议、散杂货船代理协议和客运代理协议等多种格式。

长期代理协议一般应该包括以下内容：

（1）达成协议并签约的各方的公司全称和公司注册登记地的详细地址。

（2）签约日期和地点。

（3）应有甲方委托乙方代理，乙方接受甲方委托的字样。

（4）总条款，内容一般包括：协议适用的领域和范围，代理应尽最大努力保护委托方的利益，代理不得同时接受委托方在同一航线上的经营相同业务的其他竞争对手的代理委托，委托方不得在同一领域在协议有效期内另外委托其他代理，代理有权在必要时转委分代理来履行协议规定的代理业务工作义务等。

（5）代理义务，包括委托方授权代理代办的各项业务工作内容和要求，揽货和订舱工作要求，现场服务要求，集装箱管理要求，单据传送要求，财务结算要求，运费收取和汇付要求等。这些要求往往都由委托方提出。

（6）委托方义务，包括向代理报送船舶动态、及时提供完成代理业务所必需的相关资料、文件和信息（包括船舶资料、来自港、预计抵港日期和任务等），预付船舶港口使费备用金，保证承担和赔付代理因执行委托方的指示而产生的针对代理的任何责任和费用。委托方应该支付的费用项目和范围等，往往都由代理提出，代理公司必须充分准备，防止遗漏。例如，有的代理协议规定，如委托方（特别是集装箱班轮）提出特殊要求（开发或使用委托方专用电脑软件），代理为完成委托方的特殊要求而支出的费用（包括软件开发费用、特殊硬件设备和专线的投资费用等）全部由委托方承担。

（7）双方商定的其他特殊约束条款。

（8）报酬，详细规定代理应得报酬的项目和数额，一般都以附件的形式另外签订报酬项目和费率。

（9）财务结算办法。

（10）协议有效期，必须写明协议的有效期限和协议终止、续期的条件及方式。

（11）所签协议正本的份数、保管和各自的效力，如有两种文字的正本，要注明以哪种文本的正本协议为准。

（12）适用法律和仲裁，应该写明协议适用哪国法律或具体的仲裁方式。

（13）双方盖公司印章或由双方授权代表签字，没有印章和签字的协议是废纸一张，无授权的人所签协议也可能无效，非公司正式印章也可能无效。

（14）必要时，在协议每页上由双方授权代表加以小签或加盖骑缝印章，这样可以防止协议中某一页被一方更换后出现争议、举证困难的情况。

二、航次代理关系

航次代理关系是指委托方在船舶到港前，用函电向抵港代理提出该航次船舶委托，在代理回电确认后，本航次代理关系即告成立。

在国内，各代理公司均采用自己的业务章程、收费项目和标准（有的也使用船代协会公布的相关标准）。代理在接到代理委托后仍然需要由指定的专人来进行合同评审，根据委托方提供的相关资料、信息来判断本公司有无权限和能力来接受其委托（包括来港船舶的国籍和来港任务是否受政府的限制，如敌对国船籍、核动力船、军舰、科考船、装载放射性物资和大量一级危险品的船，港口条件和设备能否满足船舶来港任务的特殊需要等），委托书中委托代理的意向是否有明确的表达（Attend，Husband，Act as Agent 等）。

特别是在船舶代理市场放开后，委托方选择余地大，需防止误将对方询问和询价当做委托的情况出现。通过合同评审后，应该及时给委托方发书面表示接受其代理委托的函电，同时向委托方索要估算的港口使费备用金。委托方接到代理接受委托的确认并安排汇付船舶港口使费备用金后，航次代理关系就正式确立了。

任务二　其他代理关系确立

一、第一委托方和第二委托方代理关系

第一委托方代理是指实际委托代理并负责支付船舶港口使费的一方，不一定是行使代理指定权的一方，也不一定是船东。有船舶代理指定权的不一定是委托方，只有实际支付和结算船舶港口使费的一方才被认做委托方。

除委托方之外，对同一艘船要求为其办理业务的另外一方，被称做第二委托方。第二委托方可以是船方（船舶所有人、经营人或管理公司），也可以是租方或货方，还可能是其他有关方。一艘船只能有一个委托方，但可以同时有一个或多个第二委托方。除委托方以外的任何单位，要求代理协助并办理相关业务的，应视业务量大小来确定是否需要与其建立第二委托方代理关系。一般情况下，有下列情况的，应视做第二委托方：

（1）要求提供船舶各种装货单证；

（2）要求按时电告船舶抵、离港及船舶在港期间动态；

（3）委托并要求提供船舶装卸准备通知书、装卸时间事实记录、船长宣载书；

（4）按租约规定分别向船东、租船人或其他有关方结算船舶在港使费，除委托方以外的其他结算对象均为第二委托方。

有关方一些简单的要求和询问不应当做第二委托方对待。委托方要求向其总部或分支机构提供一些信息和寄送单证，一般也不作为第二委托方对待。由于船舶代理市场开放后竞争日趋激烈，各代理公司一般不但不将有代理指定权的租家或货方当做第二委托方向其收费，反而要将代理费回扣的一部分付给它们，这也是国际通行做法。

二、保护代理关系

委托方由于某些原因不得不使用某代理公司来代理其船舶（常常是租家指定的代理），但为维护自身利益，委托方或有关利益方找另一家能信任的代理公司对相关船舶的代理业务和港口装卸作业情况进行监督，或者办理一些租家代理不承担义务的业务（如船员更换，燃料物料供应等），这另一家代理被称做监护代理（Protecting Agent），也被称做保护代理。个别情况下租家未拿到代理指定权，不得不使用船东代理，另外委托一家代理作为其监护代理的现象也偶有出现。

为帮助大家理解第二委托方代理关系和保护代理关系，举例如下：

A 公司拥有"海洋"轮；B 公司与 A 公司签署了 5 年的期租合同，期租使用"海洋"轮；C 公司有散杂货需要从美国运往中国，于是与 B 公司签订了程租船合同，单航次程租使用"海洋"轮。在程租合同下，C 公司拥有指定代理权。C 公司与甲公司有长期业务往来，于是 C 公司要求 B 公司使用甲公司作为卸港船舶代理。于是 B 公司正式委托甲公司作为"海洋"轮在该港的船舶代理，负责船舶进/出港、靠泊、卸货等工作和支付有关港口使费。由于 B 公司过去与甲公司没有业务往来，为保护自身利益，B 公司在该港委托乙公司作为自己的保护代理，负责监控卸货工作，并将港口使费和代理费等通过保护代理支付给甲公司。A 公司与甲公司和乙公司过去都没有业务往来，于是它委托该港的丙公司为船管代理，负责船员借支、就医、航次修理和其他船东应处理的有关事宜，其关系如图 3-1 所示。

如果 A 公司与甲公司有业务来往，而且委托甲公司在该港负责船管代理业务，甲公司可以将 A 公司委托的业务称为第二委托方代理业务，其关系如图 3-2 所示。

三、分代理关系

随着船舶代理市场的逐步开放，国际上（特别是日本）比较流行的分代理（Sub Agent）业务关系在中国也逐步开始流行。由于不定期船船东的船舶到处流动，船舶每挂靠一个新的港口都要为船舶选择一家船舶代理，既费事又不了解当地情况，还要向各港代理分别预付一笔数目可观的港口使费备用金，造成资金积压，

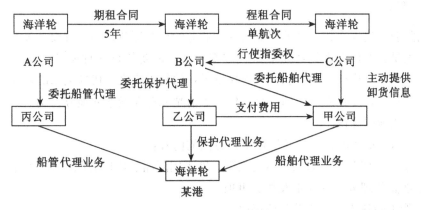

图 3-1 保护代理业务

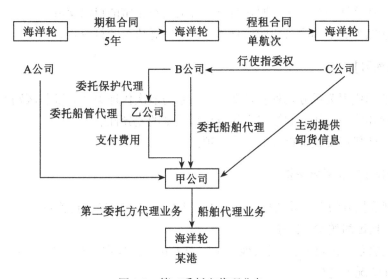

图 3-2 第二委托方代理业务

流动资金短缺。因此他们常常会选择一家比较熟悉又有一定信誉的船舶代理公司作为其总代理，统一委托这家公司作为某指定地区所有港口的船舶代理，接受委托的代理可以自己来代理（在有自己分支机构的港口），也可以将部分现场代理业务转包给当地代理公司来做，这些接受转包业务的代理公司就被称为分代理。签订代理协议时如代理准备使用分代理，应在协议中增加代理有权使用分代理的条款。分代理向总代理负责，总代理向委托方负责，总代理不能以分代理不履约为由来对抗委托方。

【任务总结】

国际船舶代理委托关系的建立是代理业务的首要环节，在签订委托关系的过程中，不论是长期代理委托还是航次代理委托，均需要签订代理协议，在实务操作中，一般以航次代理委托函和代理人接受委托的复函代之。代理关系的确立，需要代理人认真审核委托人给予的信息，任何不清楚或存在疑惑的地方，均需用函电或传真的形式加以确认。

在学习本情境时，需要掌握以下几方面的内容：

1. 了解代理关系双方的职责与权限，熟悉国际船舶代理的职责与范围；
2. 熟悉代理港口的要求及相关事项；
3. 能正确熟练识读相关英语函电；
4. 能进行正确的常规业务审核并熟悉特殊业务的审核要求；
5. 能熟练地用英语函电回复对方，并能进行正常的口语交流；
6. 能熟练起草和撰写船舶代理协议，并熟悉协议签订流程。

【思考与练习】

1. 船舶代理关系分几种？长期代理关系与航次代理关系有哪些区别？
2. 简述第一委托方和第二委托方代理关系的差异性。
3. 简述代理委托单审核的注意事项。

【实务操作 1】 委托单审核

接到委托方的书面委托后，首先审核委托内容，明确委托关系。

一、代理船舶常规审核

收到船东、租船人和/或其他关系方的委托后，根据法律法规、港口规定及港口的实际情况等进行审核：

1. 船舶能否被港口所接受；对于首次来港的悬挂某国旗的船舶（指国籍为首次），海事局主管部门在审批《船舶进口岸申请书》时，需报请交通部审核批准，是否准许进入我国。

2. 费用要求是否可接受；

3. 审核时考虑的常规事项：

① 船舶规范，主要包括（但不限于此）：船名、船旗、总吨、净吨、载重吨、总长、型宽、每厘米吃水、呼号、船舶代码、卫星电传号、传真号、货机数量、安全负荷、舱口数、舱容、船级社、建造年份、大型船舶或设施的总高度、舱口尺寸及位置、重吊位置及滚装船跳板位置和长度及其他可能影响靠泊装卸作业的设施；

② 来港任务；

③ 装卸条款（装/卸船）、用何提单格式，由谁签发；需要扫舱、洗舱、捆扎时，由谁安排，费用由谁支付；

④ 预计抵港时间、吃水；是否超过港口限制（如吃水、净空高度等）；

⑤ 货物名称、种类、装卸数量、货物包装情况；有无过境货、危险品；

⑥ 委托方全称及联系地址、电话、电传等；

⑦ 上一靠港、下一去港，装货或卸货港。

⑧ 需否添购燃油、淡水、垫料、伙食；需否航次修理；

⑨ 吨税执照是否到期；

⑩ 货物积载图、提单副本、舱单、集装箱箱号清单、危险品舱单、超高超宽箱清单、超长超重清单、船员/旅客名单等。

二、不同业务需求的代理关系审核要点

1. 长期代理关系的建立，主要指本公司与委托方直接订有长期代理协议的集装箱班轮业务以及计划内国际旅游船。在协议有效期内或计划年度内可不必进行逐航次船舶代理的合同评审，仅对每航次的委办事项进行审核以确保委托方的要求能被满足。

2. 装卸货的船舶审核应注意：

（1）卸货船舶

① 预计抵港吃水是否符合港口条件；

② 所载危险品能否被港监允许；

③ 超长/重大件货物是否符合港口接卸能力；

④ 卸货时间要求能否满足。

（2）装货船舶

① 预计离港吃水是否符合港口条件；

② 所载危险品能否被港监允许；

③ 船方、港方的装货设备/设施是否满足装货要求；

④ 装货时间要求能否满足。

3. 来港加油、加水、添加食品物料的船舶审核应注意：

① 申请加油、加水、添加食品物料的种类数量；

② 以电话或书面形式联系分承包方，落实供应的可能性；

③ 落实费用的支付方式。

4. 来港调换船员的船舶审核应注意：

① 上船人数、路线、航班号等；

② 下船人数、去向、是否订妥机票。

5. 在港区内发生海事的船舶审核应注意：

（1）一旦收到船长/船员有关船舶发生海事的信息，应及时查核：

① 是否有人员伤亡；

② 是否在锚地发生碰撞事故、船损情况，迅速联系医院、港监、船检、商检、修船厂等。并根据船长要求和当局决定采取措施，及时告知委托方。

（2）将有关信息和文书，转告委托方，并将动态情况及时通告委托方。

（3）若需有关方提供担保，则应及时转告委托方，并协助处理担保事宜。

6. 专程来港修理的船舶审核应注意：

接到委托方/船方关于修理的书面委托后及时联系厂家对各项修理进行报价及可行性评估并预测工期，在船方确认后方可安排修理。非海关监管处所的修理应要求厂方办妥有关会商手续。

7. 特种船舶审核应注意：

（1）散装货、化工危险品船、过境货，必须事先征得海事局同意；

（2）装载特别物资的船舶，凡在本港装载特别物资的，联系海事局落实措施；

（3）因急病或避难来港的船舶，应征得检验检疫部门同意后，要求船长或船东明确费用结算并尽快汇费支付备用金。

（4）对超规范船舶、装/卸重大货物的船舶等可否接受代理委托需首先以电话或书面形式征得有关港口当局（港务监督或港务局）的同意，并记录归档备查。

三、评审结果

1. 经评审，委托可以接受，则向委托方复电确认，该确认电是合同评审的证明。

2. 经评审，委托不能接受，则由评审人以电话、电传、传真的方式通知顾客不能接受的原因或提出为使委托能被接受而需采取的措施，该委托经顾客更正或调整后可以接受，则复电确认接受委托。

3. 如经评审发现委托不能接受，且委托方无法采取措施或采取措施后，委托仍不可接受，则填写"合同评审表"，交部门负责人审定，经其确认不能接受后，由评审人再次通知顾客，说明情况，取消委托。

4. 对暂时缺少或未告知的一些信息和资料，虽对船舶作业安排很重要，但不影响委托的接受，可在接受委托后向委托方索取。它们可能是：

① 缺少收/发货人名称及联系电话等；

② 暂未通知船舶规范；

③ 暂无积/配载图；

④ 未通知开来港或目的港名称等；

5. 顾客关于港口情况的调查、船舶来港可能性或费用的询问等，视为信息咨询。

6. 洽订滞期/速遣协议：

（1）船舶靠泊前，如委托方需要，应与港务机关洽谈滞期/速遣事项，经委托方确认后，与港务机关签订滞期/速遣协议；

（2）根据滞期/速遣协议，核算装卸时间及滞期/速遣费；

（3）滞期/速遣协议交财务并向有关方收取费用。

【实务操作2】《单船计划》缮制和《航行指南》选择

一、《单船计划》缮制

依照上述信息缮制《单船计划》，并转一份至使费部门或外勤岗位索取备用金。然后用函电回复委托方，在委托方接收后出具代理授权书，双方船舶代理的委托关系即宣告成立。缮制《单船计划》时，应注明：

1. 需抄送动态等信息的第三方的联系方式和联系人；

2. 卸货船注明提单或保函卸货；

3. 有无船长借支；

4. 该轮预计收入，若为包干船舶，注明使费包干数额、额外费用的支付方式等；

5. 代理指定方；

6. 其他应提请外勤、财务人员注意的事项。

二、发本港航行指南（以宁波港为例）

向船方发本港航行指南，如无法与船直接联系，则应由船公司转达船方。航行指南发出后应获得船方或船公司（当电文由船公司转发时）收到电文的确认。

对首次来港的外国籍船舶（不包括本国方便旗船）必须发本港航行指南。对于来港的中国籍船舶和悬挂方便旗的国内航运公司所属船舶，则可告知（直接与船方联系或通过船公司转达）具体到港引水锚地经纬度或锚地名称（虾峙、七里或金塘）。对于非第一次来港的外国籍船舶可参照国轮执行。定期班轮，也可直接向船长呈递本港航行指南，一份由其签字确认收到，具以证明，以后不必逐航次通知。

【活动设计1】航次代理关系的确立

一、实训目的

1. 通过实训，掌握代理协议的审核；

2. 通过实训，学会备用金的计算。

二、实训设备

计算机及相应船舶代理软件。

三、实训素材

2009年5月18日，A轮在日本横滨（YOKOHAMA）港载货，载货清单如下：

载货清单(Cargo List)

船名 M/S	中文： 英文：A	船籍	英国·利物浦	卸货港 宁波、安特卫普、鹿特丹、汉堡		
装货单号 S/O №	货名 Description of Goods	件数及包装 No. of pkgs	毛重(kg) Gross Weight	估计立方米 (In cu. m) Estimated Space.	目的港 Destination	备注 Remark
1	Cotton goods 棉织品	1 000 cases	100 000	380	Ningbo	
2	Hard board 纤维板	1 500 bundles	100 000	204	Ningbo	
3	Human hair 发渣子	320 bales	20 000	52	Ningbo	
4	Mosaic flooring tiles 地砖	1 200 cartons	60 000	71	Ningbo	
5	Steel flat bars 扁钢	262 bundles	400 000	227	Ningbo	Dangerous
6	Glass 玻璃	6 000 cases	300 000	425	Ningbo	cargo
7	Flue cured tobacco 烤烟	2 000 bales	200 000	1 020	Ningbo	
8	Steel round bars 圆钢	600 bundles	600 000	341	Ningbo	
9	Sodium nitrate 硝酸钠	1 200 drums	100 000	164	Ningbo	
10	Alarm clocks 闹钟	40 cases	3 000	14	Ningbo	
11	Fragile goods 易碎品	500 cases	20 000	96	Ningbo	
12	Hard ware 五金	250 cases	10 000	12	Ningbo	
13	Toilet paper 卫生纸	740 rolls	37 000	189	Ningbo	
14	Skins 生皮	1 800 cases	120 000	340	Ningbo	
Total			2 070 000	3 535		
15	Glass ware 玻璃器皿	3 040 cases	80 000	340	Antwerp	
16	Bitter apricot kernels 苦杏仁	16 500 bags	825 000	1 636	Antwerp	
17	Paraffin wax 石蜡	2 500 bags	200 000	340	Antwerp	
18	Graphite in powder 石墨粉	3 750 bags	150 000	170	Antwerp	
19	Ferro tungsten 钨铁	6 000 drums	300 000	340	Antwerp	
20	Barium carbonate 碳酸钡	6 000 bags	300 000	468	Antwerp	
21	Cotton textiles 棉纺织品	1 500 cases	60 000	204	Antwerp	
22	Milk powder 奶粉	3 750 cartons	300 000	638	Antwerp	Dangerous
23	Canned goods 罐头	4 000 cases	200 000	283	Antwerp	cargo
24	Bone glue 骨胶	1 800 bags	90 000	230	Antwerp	
25	Straw rugs 草地毯	300 bags	30 000	170	A/R 选港货	
26	Canned goods 罐头	4 000 cases	200 000	294	A/R 选港货	
27	Pumpkins seeds 白瓜子	250 bags	20 000	51	A/R 选港货	
28	Groundnut meal 花生粕	4 375 bags	350 000	545	A/R 选港货	
Total			3 105 000	5 709		

续表

船名 M/S	中文: 英文:A		船籍	英国·利物浦	卸货港		
					宁波、安特卫普、鹿特丹、汉堡		
装货单号 S/O No	货名 Description of Goods		件数及包装 No. of pkgs	毛重(kg) Gross Weight	估计立方米 (In cu. m) Estimated Space.	目的港 Destination	备注 Remark
29	Groundnuts in shells	花生果	7 000 bags	350 000	1 140	Rotterdam	
30	Soybeans	大豆	3 750 bags	300 000	467	Rotterdam	
31	Dead burned magnesite	重烧镁	5 000 bags	250 000	312	Rotterdam	
32	Newsprint paper	新闻纸	1 200 rolls	300 000	808	Rotterdam	
33	Groundnuts kernels	花生仁	6 250 bags	500 000	921	Rotterdam	
34	Ammonium	氯化铵	16 250 bags	650 000	921	Rotterdam	
35	Tung oil	桐油	800 drums	100 000	170	Rotterdam	
36	Palm kernel meal	棕榈粉	7 470 bags	450 000	918	Rotterdam	
Total				2 900 000	5 657		
37	Carbon	炭黑	5 000 bags	200 000	284	Hamburg	
38	Graphite in powder	石墨粉	10 000 bags	500 000	568	Hamburg	
39	Bauxite	铝矾土	in bulk	600 000	544	Hamburg	
40	Flint clay	焦宝石	in bulk	600 000	442	Hamburg	
41	Hog casing	肠衣	8 000 barrels	100 000	198	Hamburg	
42	Groundnut meal	花生粕	3 750 bags	300 000	467	Hamburg	
43	Granite	花岗石	900 bundles	300 000	298	Hamburg	Away boiler
44	Horsemanes	马尾	720 cases	45 000	102	Hamburg	& stow below
45	Bristles	猪鬃	720 cases	45 000	102	Hamburg	water line
46	Marble	大理石	300 cases	300 000	297	Hamburg	
47	Silk piece goods	丝绸	1 250 cases	100 000	170	Hamburg	
48	Magnesite	镁矿	1 875 bags	150 000	170	Hamburg	
Total				3 240 000	3 642		
Grand total				11 315 000	18 543		

A 轮计划 2009 年 5 月 26 日抵宁波港卸货 2 070 吨，加装如下货物：

序号	货物名称	重量	体积	目的港
1	木板	240t	340m³	安特卫普
2	橡胶	1 100t	1 936m³	安特卫普
3	橡胶	695t	1 223m³	鹿特丹

2009 年 5 月 22 日，A 轮所在船公司××Shipping Co.，Ltd 给您所在的代理公司 China ×× Agency Ningbo 发函电如下：

To：China ×× Agency Ningbo

164 ×× Road，Ningbo City，Zhejiang Province，CHINA

ATTN：Mr. Zhang××

Fm：×× Shipping Co.，Ltd

TEHRAN 1st Floor，Djavaheri Bldg，×× Street，London，England

Dear sir，

Subject General Cargo Ship，under our Management，on voyage with 11,315 mtons cargo at YOKOHAMA，JAPAn. Now she is proceeding to first discharge port Ningbo，China where ETA on 26th May evening for discharge part cargo abt 2,070 mtons and load cargo 2,035 mtons thence she will proceed to second discharge port Antwerp.

As per C/P terms，Charterers are nominating the agents who are finally appointed by Owners provided their proforma disbursements is competitive. Charterers have nominated you as vessel's agents at Ningbo.

Therefore enabling us to make up our final decision please provide us with your relevant proforma of estimated port expenses bearing in mind that the port costs received from your agency be competitive with prices we can obtain elsewhere. For easy of comparison，we request you to quote agency fee as "ALL IN".

For sake of good order，"ALL IN AGENCY FEE"，is including agency fee，car hire，postage and petties，providing of cell phone（not air time），overtime，agency expenses，etc. Also we consider that only one "agency fee" is payable for each port of call. That fee should be the absolute total fee for all agency work done for the port of call.

Fyg，Vsl's main particulars have as follows：

M/V Name：A

GT/NT：7,718.7/4,569

DWT：14,000

Loa/Beam：98.76 m/25.90 m

SDWT/Draft：18,835 tons/8.22 m

CALL SIGN/Flag：PHKY/ENgland

Inmarsat Phone NR：76435××××/76416××××　　Fax NR：76435××××

e-mail：master.××@ avin.JS

mobile phone：+306936-12××××

Master's name：×.×××

Our full style and contacts

FULL STYLE

COMPANY.：×× Shipping Co.，Ltd

ADDRESS.：TEHRAN 1st Floor, Djavaheri Bldg, ×× Street, London, England

Tel Num：98 21 ×××0111-5

Fax Num：98 21 ×××1813-5

E-MAIL：×××@ babco.ir

WEB：www.××××.net

Kindly note that we are able to read telex, fax and e-mail messages outside office hours and during weekends. However, any issues requiring immediate action must be followed up with a telephone call.

Please advise Master and this Office of all local Rules and Regulations applicable to the vessel. We would also appreciate your mailing to us through regular mail or e-mail as appropriate copy of Port and Terminal Rules and Regulations to enable us keep our records/files updated.

Best Regards

　　　　　　　　　　　　　　　　　　　　　　　　×× Shipping Co.，Ltd

　　　　　　　　　　　　　　　　　　　　　　　　　　　22 May 2009

四、实训要求

假如你是 China ×× Agency Ningbo 的员工，现授权你用英语函电回复××
Shipping Co.，Ltd，同意接受代理委托，计算备用金明细（计算方法见学习情境四
任务一），并与之建立代理关系。

学习情境四 | 船舶抵港前工作准备

☞ 学习目标

终极目标：学会正确处理船舶抵港前的船舶代理准备工作。

促成目标：

(1) 了解备用金的概念和构成，了解提单、海运单等有关海运单证的内容；

(2) 熟悉备用金制度，熟悉海运单证的填写要求；

(3) 能正确计算备用金，正确填写有关海运单证。

☞ 知识介绍

为委托方节约船期（及时安排泊位并节省船期）是船舶代理的一项重要工作，最能体现代理水平的高低。因此，代理接受委托后应及时联系船方、港方、货主和其他有关方，事前落实船舶抵港后的各项作业计划安排，落实船舶和出口货物的备妥情况或进口货物的接卸准备情况，充分利用自身的各种优势和关系，安排好泊位和船舶的装卸作业计划，必要时采取特殊措施来满足委托方的需求。

此外，根据船舶抵港预报，还应及时与船方取得联系，索要有关信息资料，询问船方有无其他特殊需求，主动向船方提供所需的航道、泊位安排等相关信息，提出需要船方配合的具体要求。

任务一　备用金估算

备用金（Advance Disbursement）是指委托方或第二委托方预付给船

舶代理人，用于支付船舶在港期间所发生的费用、船员借支、代理费以及处理有关特殊事项的备用款项。船舶在港口发生的费用基本上是通过船舶代理人支付给口岸各相关单位的。对于备用金，船舶代理人根据船舶总吨、净吨等船舶规范和装卸货物的种类、数量以及委办的特殊事项，如船舶加油、加水、供应伙食、船员遣返情况以及船舶吨税执照是否有效等情况估算备用金。

一、备用金分类

实务中，通常在船舶离港前，委托方将预估船舶在港发生的费用汇至或预存一笔金额到船舶代理人指定的账号，用于船舶代理人支付船舶在港发生的费用。备用金按项目支出可分成三类：

（一）有关船舶的代理费（Agency Fee）

代理费是船舶代理人接受委托方委托后，为所委托的船舶办理相关手续并提供各类服务而索取的相应报酬。目前可以参照的标准为中国船舶代理行业协会制定并于2004年4月公布的《航行国际航线船舶代理费收项目和建议价格》。该标准中开列的代理收费项目有四项，全部用人民币标价，四种费用按委托方指定的服务内容兼收。航行国际航线船舶代理费收项目和建议价格，如表4-1所示。

表4-1　　　　　　　航行国际航线船舶代理费收项目和建议价格

一、按船舶吨位或千瓦计收		
	吨　位	费率（元）
船舶净吨	每净吨	0.60
拖　　轮	每千瓦	0.60
1. 船舶每登记净吨（或拖轮每千瓦），进出口各收取一次		
2. 最低收费为每航次2 000元		
3. 科研船、工程船（包括钻井平台）及辅助船舶，除进出口各收一次外，进口一个月后每月加收1 000元。旅游船和不装卸货物、不上下旅客的船舶，进出口合并一次计收		
4. 船舶净吨代理费包括以下服务项目		
① 办理船舶进出港和水域的联检、申报手续、联系安排引航、拖轮、泊位		
② 洽办船舶修理、检验、熏舱、洗舱、扫舱		
③ 联系安排船用燃料、淡水、伙食、物料等的供应		
④ 代缴船舶吨税，办理船员登记		
⑤ 向委托方及其他有关方通报船舶动态		
⑥ 转送船员文件等		
⑦ 港口使费结算		

二、按装卸货物吨数或箱量计收		
1. （a）件杂货	1~5 000	3.00
	5 001~10 000（超过 5 000 吨部分）	2.80
	10 001 以上（超过 10 000 吨部分）	2.50
（b）超大件等货物	每计费货吨	5.00
2. 干散货	1~30 000	1.20
	30 001~60 000（超过 30 000 吨部分）	0.80
	60 001~100 000（超过 60 000 吨部分）	0.50
	100 001 以上（超过 100 000 吨部分）	0.20
3. 原油、成品油	1~30 000	0.70
	30 001~60 000（超过 30 000 吨部分）	0.40
	60 001~100 000（超过 60 000 吨部分）	0.30
	100 001 以上（超过 100 000 吨部分）	0.10
4. 液化气、散装液体化学品、沥青	1~10 000	3.00
	10 001~30 000（超过 10 000 吨部分）	2.50
	30 001 以上（超过 30 000 吨部分）	2.00
5. 客船、旅游船	按上下旅客、承载旅游人数每人	16.00
6. 集装箱	（a）1 000TEU 以下	
	空箱	30.00
	重箱（20 尺）	70.00
	重箱（40 尺）	90.00
	（b）1 001TEU 以上	
	空箱	25.00
	重箱（20 尺）	60.00
	重箱（40 尺）	80.00
1. 货类（含旅客）代理费最低收费为每航次 2 000 元 2. 货物代理费包括以下项目 （1）办理进出口货物的申报手续，联系安排装卸、理货、公估、衡量、熏蒸、监装、监卸及货物与货舱检验 （2）办理货物报关、交接、仓储、中转 （3）缮制单证		

续表

（4）代办货物查询、理赔、短装短卸、溢装溢卸的处理 （5）代征代缴出口运费税 （6）危险品申报 （7）联系收发货人，做好交接货准备 3. 食用植物油参照原油、成品油类 4. 超大件等货物由港口认定
三、代算、代收运费
按运费总额的 0.75% 计收此项费收
四、其他费用
（1）组织货载、洽订舱位
（2）办理集装箱管理及租、还箱交接、单证等
（3）洽办船舶买卖交接
（4）洽办租船及期租船交接
（5）洽办海事、海上事故处理
（6）签发提单
（7）通信费、交通费、单证费
（8）洽办船舶修理
（9）代购和转送船用备件
（10）代办国际航班、海运客票
（11）第二委托方代理费
（12）办理船舶滞期费、速遣费的计算与结算
（13）监护（保护）代理费
（14）办理船员调换、遣返、签证和陪同旅行、浏览、就医等
（15）代办船舶通过琼州海峡申请手续
（16）舱单申报
（17）其他
其他费用所列项目由代理方和委托方按目前实际执行的收费水平双方协商议定价格；各口岸船代企业为共同利益拟商议变更本船代费率的，应报中国船舶代理行业协会备案
注：（1）上述四种费用按委托方指定服务项目兼收 （2）以上费率均以人民币为计算单位，按中国银行认收的外币及规定的正式比价进行结算 （3）中国船舶代理行业协会制定（2004 年 4 月）

(二) 有关船舶的港口使费

2001 年 12 月 24 日中华人民共和国交通部令第 11 号公布了《关于修改〈中华人民共和国交通部港口收费规则（外贸部分）〉的决定》（以下简称《港口收费规则》），凡中华人民共和国港口向航行国际航线的船舶及外贸进出口的货物计收港口费用，均按《港口收费规则》办理。各港与香港、澳门之间的运输及涉外旅游船舶的港口收费，除另有规定的外，比照《港口收费规则》办理。《港口收费规则》中所订费率，均以人民币元为计费单位。国外付费人以外币按中国人民银行正式兑换率进行清算，国内付费人以人民币进行清算。规则中明确的港口使费包括：

1. 引航、移泊费（Pilotage Inward/Outward, Pilotage on Shifting）

我国对外国籍船舶实行强制进出港引航和移泊引航。引航费根据各港口的实际引航距离进行分类（10 海里为界），按船舶净吨位（拖轮按马力）计收。引航距离在 10 海里以内的港口，按 0.50 元/净吨（马力）来进行计收；引航距离超过 10 海里的港口，除按 0.50 元/净吨（马力）计收引航费外，其超程部分另按 0.005 元/净吨（马力）/海里来计收超程部分的引航费；大连、营口、秦皇岛、天津、烟台、青岛、日照、连云港、上海、宁波、厦门、汕头、深圳、广州、湛江、防城、海口、洋浦、八所、三亚港以外的港口，除按上述规定计收引航费外，另据情况可加收非基本港引航附加费，但最高不超过每净吨 0.30 元；超出各港引水锚地以远的引领，其超出部分的引航费以 0.50 元/净吨（马力）为标准加收 30%。引航距离由各港务管理部门自行公布，报交通部备案。引航费按第一次进港和最后一次出港各一次分别计收。节假日、夜班附加费按基本费率的 50% 计收，节假日的夜班附加费按基本费率的 100% 计收。夜班每日以 8 小时计算。节假日及夜班的工班起讫时间，由港务管理部门自行公布执行。

由引航员引领船舶在港内移泊，按 0.22 元/净吨（马力）计收移泊费。由引航员引领船舶过闸，按 0.16 元/净吨（马力）加收过闸引领费。节假日、夜班附加费按基本费率的 50% 计收，节假日的夜班附加费按基本费率的 100% 计收。夜班每日以 8 小时计算。节假日及夜班的工班起讫时间，由港务管理部门自行公布执行。

接送引航员不另收费。由拖轮拖带的船舶，其引航和移泊费按拖轮马力与所拖船舶的净吨相加计算。船舶因引航或移泊使用拖轮时，另按拖轮出租费率计收拖轮使用费。引航和移泊的起码计费吨为 500 净吨（马力）。

由于船方原因不能按原定时间起引或应船方要求引航员在船上停留时，按每人每小时 20 元计收引航员滞留费。节假日、夜班附加费按基本费率的 50% 计收，节假日的夜班附加费按基本费率的100%计收。夜班每日以8小时计算。节假日及夜班的工班起讫时间，由港务管理部门自行公布执行。

航行国际航线船舶在长江的引航、移泊费，按《航行国际航线船舶长江引航、移泊收费办法》计收。

船舶靠离码头或移泊引航作业所使用的拖轮马力大小和数量一般都由引航员根据气象、水面航道情况决定并直接联系安排，委托方和船东常常会要求代理联系引航员尽量为其节省拖轮费用。一些港口航道条件复杂，引航费用很高，代理在估算备用金时需充分考虑并事先告知委托方。

2. 拖轮费（Tuggage）

使用港方拖轮时，按《港口收费规则》附表7"租用船舶、机械、设备和委托其他杂项作业费率表"的规定，以拖轮马力和使用时间，向委托方计收拖轮使用费。拖轮费的现行费率是每马力小时0.48元；使用时间不足1小时的，按1小时计算；超过1小时的尾数，不足半小时的按半小时计算，超过半小时的按1小时计算。拖轮费在船舶港口使费中往往占相当大的比重，夜间作业和节假日作业都要加收50%的附加费，节假日夜间要加收100%的附加费。由于使用拖轮的数量、马力大小和拖轮作业的日期时间不能事先选择确定，作业次数、作业场所的远近、所用时间长短都很难预料和控制，加上尾数进整，常常出现拖轮费用大大超出代理估计的情况。节假日、夜班附加费按基本费率的50%计收，节假日的夜班附加费按基本费率的100%计收。夜班每日以8小时计算。节假日及夜班的工班起讫时间，由港务管理部门自行公布执行。

拖轮使用时间为实际作业时间加辅助作业时间。实际作业时间为拖轮抵达作业地点开始作业时起，至作业完毕时止的时间；辅助作业时间为拖轮驶离拖轮基地至作业地点和驶离作业地点返回拖轮基地时止的时间。实际作业时间由船方签字确认后按实计算。船方在签署拖轮委托引航员带来的拖轮作业票时应认真按实填写或核对，只签字不填时间或只签字不核对，日后常常会产生争议。辅助作业时间是指拖轮驶离基地至作业地点和驶离作业地点返回基地所花费的总时间，目前实行包干制，即由各港根据各作业地点距离远近测算并确定包干时间后报交通部备案实施。

3. 系、解缆费（Mooring/Unmooring Charge）

由港口工人进行船舶系、解缆，每系缆一次或解缆一次，各收取一次系解缆费。船舶在港口停泊期间，每加系一次缆绳，计收一次系缆费。节假日、夜班附加费按基本费率的50%计收，节假日的夜班附加费按基本费率的100%计收。夜班每日以8小时计算。节假日及夜班的工班起讫时间，由港务管理部门自行公布执行。

现行船舶系、解缆费率如表4-2所示。

表4-2　　　　　　　　　　　　　　**船舶系、解缆费率表**

船舶吨位	码头系、解缆费（元/次）	浮筒系、解缆费（元/次）
2 000 净吨及 2 000 净吨以下船舶	107	159
2 000 净吨以上船舶	213	318

3. 停泊费（Wharfage，Berth/Buoy/Anchorage Charge）

停泊在港口码头、浮筒的船舶，由码头、浮筒的所属部门按规定费率征收停泊费，停泊在港口码头、浮筒的船舶，由码头、浮筒的所属部门按每净吨（马力）每日 0.23 元征收停泊费；停泊在港口锚地的船舶，由港务管理部门按每净吨（马力）每日 0.05 元征收停泊费。船舶在港口码头、浮筒、锚地停泊以 24 小时为 1 日，不满 24 小时按 1 日计。

停泊在港口码头的下列船舶，由码头的所属部门按每净吨（马力）每小时 0.15 元征收停泊费：

（1）装卸，上、下旅客完毕（指办妥交接）4 小时后，由于船方原因继续留泊的船舶；

（2）非港方原因造成的等修、检修的船舶（等装、等卸和装卸货物过程中的等修、检修除外）；

（3）加油加水完毕继续留泊的船舶；

（4）非港口工人装卸的船舶；

（5）国际旅游船舶（长江干线及黑龙江水系涉外旅游船舶除外）。

港方原因造成船舶在港内留泊，免征停泊费。系靠停泊在港口码头、浮筒的船舶的船舶，视同停泊码头、浮筒的船舶征收停泊费。船舶在同一航次内，多次挂靠我国港口，停泊费在第一港按实征收，以后的挂靠港给予 30% 的优惠。现行的停泊费率如表4-3所示。

表4-3　　　　　　　　　　　　　　**停泊费率表**

费类	计算单位	单价	计算周期
码头停泊费	净吨（马力）/日	0.23 元	按日计收
锚地停泊费	净吨（马力）/日	0.05 元	按日计收
码头非作业停泊费	净吨（马力）/小时	0.15 元	按小时计收

需要注意的是，码头非作业停泊费的费率不是按天而是以小时计收的，是正常码头停泊费的 15.65 倍，长时间非作业码头停泊会产生很高的费用，应尽量避免或

减少码头非作业停泊。

4. 开、关舱费（Hatch Opening/Closing Charge）

由港口工人开、关船舶舱口，不分层次和开、关次数，按相关规定标准，分别以卸船计收开、关舱费各一次，装船另外计收开、关舱费各一次。单独拆、装、移动舱口大梁，视同开、关舱作业，收取开、关舱费。大型舱口中间有纵、横梁的（不分固定或活动），按两个舱口计收开、关舱费。设在大舱口外的小舱口，按4折1计算，不足4个按1个大舱口计算。使用集装箱专用吊具进行全集装箱船开、关舱作业，不分开、关次数，按相关规定费率，分别以卸船计收开舱费一次，装船计收关舱费一次，只卸不装或只装不卸的，分别计收开、关舱费各一次。节假日、夜班附加费按基本费率的50%计收，节假日的夜班附加费按基本费率的100%计收。夜班每日以8小时计算。节假日及夜班的工班起讫时间，由港务管理部门自行公布执行。现行开、关舱费率如表4-4所示。

表4-4　　　　　　　　　　　　　　开、关舱费率表

船舶吨位	计费单位
2 000 净吨及 2 000 净吨以下船舶	264 元/舱口
2 000 净吨以上船舶	530 元/舱口
全集装箱船使用专用吊	75 元/舱盖

5. 货物港务费（Harbor Dues Cargo）

货物港务费，是由负责维护和管理防波堤、进港航道、锚地等港口公共设施的港口行政管理机构，对经由港口吞吐的内、外贸货物征收的，用于码头及其前沿水域的维护的一种港口规费。

根据《港口收费规则》的规定，经由港口吞吐的外贸进出口货物和集装箱，按"外贸进出口货物港务费率表"（见表4-5）的规定，按进口或出口分别征收一次货物港务费。在实务操作中，按以下规定征收货物港务费：

（1）集装箱拼箱货物，按货物的实际计费吨分摊货物港务费。

（2）外贸进口货物和集装箱因故卸在中途港，提单经海关加盖"海关监管"图章后，继续经水运运往原到达港或其他中国港口时，中途港和原到达港或二程到达港分别按《港口收费规则》征收货物港务费。

外贸进口货物和集装箱因故卸在中途港，提单经海关加盖"海关放行"图章后，继续经水运运往原到达港或其他中国港口时，中途港除按外贸进口货物计收进口货物港务费外，另按内贸出口货物计征出口货物港务费，原到达港或二程到达港按内贸进口货物计收进口货物港务费。

（3）外贸进口货物和集装箱已经运抵原到达港并卸船，提单经海关加盖"海关监管"图章后，继续经水运运往其他中国港口时，原到达港和二程到达港分别

按《港口收费规则》征收货物港务费。

（4）外贸进口或出口货物和集装箱到港未卸，经换单后原船又运往其他港口，换单港免征进、出口货物港务费，到达港或起运港按外贸进口或出口货物计收进口或出口货物港务费。

表4-5 外贸进出口货物港务费率表

编号	货　类	计费单位	每计费吨（箱）费率（元）	
			进口	出口
1	煤炭、矿石、矿砂、矿粉、磷灰土、水泥、纯碱、粮食、盐、砂土、石料、砖瓦、生铁、钢材（不包括废钢）、钢管、钢坯、钢锭、有色金属块锭、焦炭、半焦、块煤、化肥、轻泡货物	W	1.40	0.70
		M	0.90	0.45
2	列名外货物	W	3.30	1.65
		M	2.20	1.10
3	一级危险货物、冷藏货物、古画、古玩、金器、银器、珠宝、玉器、翡翠、珊瑚、玛瑙、水晶、钻石、象牙（包括制品）、玉刻、木刻、各种雕塑制品、贝雕制品、漆制器皿、古瓷、景泰蓝、地毯、壁毯、刺绣	W	6.60	3.30
		M	4.40	2.20
集装箱	装载一般货物的集装箱、商品箱	20英尺	40.00	20.00
		40英尺	80.00	40.00
	装载一级危险货物的集装箱、冷藏箱（重箱）	20英尺	80.00	40.00
		40英尺	160.00	80.00

注：（1）货物港务费的计费吨按装卸费的计费吨计算。
（2）编号1中的"化肥"，系指农业生产用的化肥、其他用于化工原料的不在此限。
（3）编号3中的"一级危险货物"，不包括农业生产用的化肥农药。
（4）原油按编号2中的"列名外货物"计费。
（5）其他集装箱的货物港务费，以其内容积与表列相近箱型集装箱内容积的比例计算。
（6）"石料"是指"碎石（包括块石）"，加工成形的石料不包括在内。

货物港务费先由负责维护防波堤、进港航道、锚地等港口公共基础设施的港务管理部门（港务局）按表4-5的规定征收，然后向码头所属单位（租用单位或使用单位）返回50%，用于码头及其前沿水域的维护。

凭客票托运的行李，船舶自用的燃物料，本船装货垫缚材料，随包装货物同行的包装备品，随鱼鲜同行的防腐用的冰和盐，随活畜、活禽同行的必要饲料，使馆物品，联合国物品，赠送礼品，展品，样品，国际过境货物，集装箱空箱（商品箱除外），均免征货物港务费。"使馆物品"是指进出我国港口的我国驻外国使馆、领事馆和外国驻我国使馆、领事馆的物品，不包括其他外事机构的物品。收、发货人其中有一方为"使馆"者，其货物均属"使馆物品"。"赠送礼品"是指进出我国港口的我国同其他国家政府机关和党政领导以及社会团体相互赠送的礼品、纪念品等，并有证明者。

6. 装卸费（Stevedorage）

散杂货在港口装卸船舶，按"外贸进出口货物装卸费率表"（见表4-6）的规定计收装卸费。在实务操作中，要遵循以下规定：

（1）"外贸进出口货物装卸费率表"中列有具体品名或笼统名称，同时又属"一级危险货物"或"二级危险货物"的货物，一律按"一级危险货物"或"二级危险货物"费率计收装卸费。

（2）单件重量超过5吨的压力罐、啤酒罐（桶）等大型空容器，按"笨重货物"中"设备"的费率，以自重加两倍计收装卸费。

（3）组成车辆每辆超过5吨，仍按"组成车辆"费率计收装卸费。

（4）单件重量超过5吨的木材，按"笨重货物"中"其他"的费率计收装卸费。

（5）木、竹排拆排装船或卸船扎排除按规定计收装卸费外，另按工时费计收拆、扎排费，拆、扎排所需材料费按实计收。

（6）外贸进出口货物的装卸费，除租船协议和运输条款中另有规定外，属舱底交货的，"船舱—库、场、车、船"的装卸费全部向货方收取；属船边交货的，"船舱—船边"的装卸费向船方计收，"船边—库、场、车、船"的装卸费向货方计收。

散装液体订有船边法兰盘交货条款视同舱底交货计收装卸费。

"船—船"或"船—车"的直取作业，是指不使用流动机械（包括皮带机或两台吊机传递）从船（车）直接装卸到车（船）上的作业，其货物装卸费按下列规定计收。

进出口均为航行国际航线的船舶或进口（或出口）为航行国际航线的船舶，出口（或进口）为航行国内航线的船舶，按《港口收费规则》"船舱—船边"和"船边—库、场、车、船"的费率计收。

（7）外贸进口货物或集装箱因故卸在中途港，提单经海关加盖"海关监管"图章后，继续经水运运往原到达港或其他中国港口时，中途港应视其为国际过境货物或国际过境集装箱，按《港口收费规则》第50条或第51条的规定计收装卸船费或过境包干费，原到达港或二程到达港按表4-6或《港口收费规则》附表5（外贸进出口集装箱装卸包干费、国际过境集装箱港口包干费率表）中规定的"装卸包干费"的50%计收卸船费或装卸包干费。

外贸进口货物或集装箱因故卸在中途港，提单经海关加盖"海关放行"图章后，继续经水运运往原到达港或其他中国港口时，中途港除按外贸进口货物或集装箱计收卸船费或装卸包干费外，另按内贸出口货物计收装船费，原到达港或二程到达港按内贸进口货物计收卸船费。

（8）外贸进口货物或集装箱已经运抵原到达港并卸船，提单经海关加盖"海关监管"图章后，继续经水运运往其他中国港口时，原到达港应视其为国际过境货物或国际过境集装箱，按《港口收费规则》第50条或第51条的规定计收装卸船费或过境包干费，二程到达港按表4-6或《港口收费规则》附表5中"装卸包干费"规定的50%计收卸船费或装卸包干费。

（9）"一般货舱"是指货轮、油轮专为装运货物或散装液体的货舱，除此以外的舱室（包括房间舱、小口舱）均为"非货舱"。

（10）装卸船舶垫舱、隔舱物料，按工时和机械出租费率计收。

表4-6 外贸进出口货物装卸费率表

编号		作业过程	船舱<=>船边				船边<=>库、场、车、船	计费单位
		费率（元/计费吨）	船方起货机械		港方起货机械			
		货类	一般货舱	冷藏舱非货舱	一般货舱	冷藏舱非货舱		
散装	1	煤炭、硫酸渣、腐殖酸、矿砂、矿粉（铁矿砂、粉除外）、铁矿石（块矿）、磷灰土、砂石、碎石、卵石、水泥、水泥熟料、盐、化肥、粮食	10.40	15.60	13.50	20.30	5.20	W
	2	铁矿砂、铁矿粉	6.70	10.05	8.70	13.10	3.35	
	3	焦炭、半焦、原矿（块矿、铁矿石除外）、铜精矿（砂）、硫精矿（砂）、锌精矿（砂）、铅精矿（砂）、块煤、加工成形的石料、砖瓦、氧化铝、纯碱、鱼粉	16.30	24.50	21.20	31.80	8.15	
	4	糖、大豆、豆粕、大麦、燕麦、黑麦、饲料	14.80	22.20	19.20	28.80	7.40	
包装	5	煤炭、各种矿石（包括块、砂、粉矿）砂土、盐、化肥	16.30	24.50	21.20	31.80	8.15	
	6	水泥、纯碱、鱼粉	19.40	29.10	25.20	37.80	9.70	
	7	糖、粮食、大豆、豆粕、大麦、燕麦、黑麦、饲料	18.10	27.20	23.50	35.30	9.05	

续表

编号	作业过程 费率（元/计费吨） 货类		船舱<=>船边				船边<=> 库、场、 车、船	计费 单位
			船方起货机械		港方起货机械			
			一般 货舱	冷藏舱 非货舱	一般 货舱	冷藏舱 非货舱		
8	钢坯、钢锭、生铁、金属块锭、钢材、钢轨、钢管		16.80	25.20	21.80	32.70	8.40	
9	废碎金属		24.30	36.50	31.60	47.40	12.15	
10	笨重货物	设备	41.70	62.60	83.40	125.20	20.85	
		其他	32.10	48.20	64.20	96.40	16.05	
11	组成车辆	轿车	42.00	63.00	54.60	81.90	21.00	
		其他	32.00	48.00	41.60	62.40	16.00	
12	各种纸、纸浆		18.50	27.80	24.10	36.20	9.25	W/M
13	橡胶		19.20	28.80	25.00	37.50	9.60	
14	木材		13.40	20.10	17.40	26.10	6.70	
15	危险货物	二级	23.80	35.70	30.90	46.40	11.90	
		一级	38.40	57.60	49.90	74.90	19.20	
16	轻泡货物		6.40	9.60	8.30	12.50	3.20	
17	冷冻货物		23.80	35.70	30.90	46.40	11.90	
18	列名外货物		14.20	21.30	18.50	27.80	7.10	

其中"其他"一列左侧标注为"其他"。

编号			船边法兰盘<=>库、车、船		计费单位
			装船	卸船	
19	一般液体		17.40	12.30	W
20	一级危险液体	原油	11.70	9.80	
		其他	27.10	19.30	

散装液体

注：（1）车（船）船直取货物的装卸费按"船舱<=>船边"和"船边<=>库、场、车、船"的费率相加计算。

（2）超长货物费率计算：12米<每件长度≤16米，按相应货类费率加收50%；16米<每件长度≤20米，按相应货类费率加收100%；每件长度超过20米，按相应货类费率加收150%。

（3）在港区外的海域进行减载或加载作业，按相应货类费率加收10%。

（4）上海港在绿华山过驳散粮，按每吨 10 元计收减载过驳装卸费。

（5）集装袋水泥装卸费按上述包装水泥装卸费的 80% 计收。

（6）出口原油（经输油管道进港装船）港口包干费，大连港 18.10 元/吨、秦皇岛港 16.10 元/吨、青岛港 16.50 元/吨。

（7）海洋外汇原油的装卸费，按本表规定的费率计收，进口原油和海洋外汇原油的过驳包干费，沿海港口每吨 18.10 元，长江港口每吨 20.90 元。

（8）散装液体如定期有明确的"船边交货"条款的，"船边<=>船边法兰盘"或"船边<=>船舱"和"船边<=>库、车、船"的装卸费，分别按表中装船（出口）或卸船（进口）费率的 50% 计收。

（9）木材计费吨的确定：原木：按实际材积每立方米作为 1.27 计费吨；方木：按实际材积每立方米作为 1 计费吨；板材：中间无隔垫的，按实际材积每立方米作为 1 计费吨，中间有隔垫的，由港方与货方协商加成比例；笨重超长木材以每件的实际材积确定，并按实际材积每立方米作为 1 计费吨。

（10）编号 1、5 中的"化肥"，系指农业生产用的化肥，其他用于化工原料的不在此限。

（11）编号 15 中的"一级危险货物"，不包括农业生产用的化肥农药。

港方可根据作业需要使用船舶或港口起货机械装卸货物。使用船舶起货机械时，除按表 4-6 规定的船方起货机械费率计收装卸费外，另按 1.08 元/重量吨或 0.54 元/体积吨加收起货机工力费。在操作实务上：

（1）外贸出口货物使用港方皮带机直接装船，按"港方起货机械费率"计收装船费。

（2）舱底交货的货物，由船方负担的港机费用按表 4-6 中"港方起货机械费率"与"船方起货机械费率"的差额计收。

（3）船方起货机械和港方起货机械在同一舱口同时作业分别按其装卸货物的计费吨计收装卸费。

（4）船方申请港方起货机械进行装卸运载货物以外的作业按出租费率计收机械使用费。

申请使用浮吊进行装卸作业的，除按表 4-6 规定的船方起货机械费率计收装卸费外，另按实际租费向申请方计收浮吊使用费。经港方同意，使用货方或船方自备浮吊进行作业的，按表 4-6 规定的船方起货机械费率计收装卸费。浮吊必须由船方或货方申请，方可按出租费率计费。

包装货物在船上拆包装舱或散装货物在舱内灌包后再出舱，除按包装货物计收装船费或卸船费外，另按《港口收费规则》附表 7（租用船舶、机械、设备和委托其他杂项作业费率表）的规定计收拆包、倒包、灌包、缝包费。散装货物在船上灌包后出舱或包装货物在船上倒包后装船，除按包装货物计收装卸费外，另按包皮的重量和费率计收包皮装卸费，叠捆包皮费用按工时费率计收。出口袋装货物在船上拆倒包的回空麻袋、集装袋、纤维袋，每条分别按 1 千克、4 千克、0.2 千克计费。

散杂货翻装作业，分舱内翻装和出舱翻装。舱内翻装，按《港口收费规则》附表 7 的规定计收工时费。使用港口机械的，另收机械使用费。出舱翻装，按实际作业所发生的费用计收。货物的"舱内翻装"，是指货物不出舱在舱内翻装，或货物不落地、不落甲板从甲舱装至乙舱翻装，除此以外均为"出舱翻装"。

采用"滚上滚下"方式装卸货物和车辆时，使用港方动力和工人作业的，按表 4-6 规定的船方起货机械费率的 80% 计收装卸费；不使用港方动力，只由港方工人作业的，按表 4-6 规定的船方起货机械费率的 50% 计收装卸费；不使用港方动力和工人作业的，按表 4-6 规定的船方起货机械费率的 30% 计收装卸费。

上述装卸费计收所列各项加班作业时，均向申请方计收附加费。节假日、夜班附加费按基本费率的 50% 计收，节假日的夜班附加费按基本费率的 100% 计收。夜班每日以 8 小时计算。节假日及夜班的工班起讫时间，由港务管理部门自行公布执行。

集装箱在港口的装卸作业，按"外贸进出口集装箱装卸包干费、国际过境集装箱港口包干费率表"（见表 4-7）的规定，向船方计收集装箱装卸包干费。集装箱装卸包干作业包括：

（1）进口重箱：将重箱的一般加固拆除，从船上卸到堆场，分类堆存，从堆场装上货方卡车或送往港方本码头（指本装卸公司的码头）集装箱货运站（仓库），然后将空箱从货方卡车卸到堆场或从港方本码头集装箱货运站（仓库）送回堆场；

（2）出口重箱：将堆场上空箱装上货方卡车或送往港方本码头集装箱货运站（仓库），将重箱从货方卡车卸到堆场或从港方本码头集装箱货运站（仓库）送回堆场，分类堆存，装船并进行一般加固；

（3）进口空箱：将空箱的一般加固拆除，从船上卸到堆场，分类堆存；

（4）出口空箱：将堆场上空箱装到船上，并进行一般加固；

（5）箱体检验、重箱过磅及编制有关单证。

表4-7　　外贸进出口集装箱装卸包干费、国际过境集装箱港口包干费率表

箱型			装卸包干费（元/箱）	过境包干费（元/箱）
标准箱	20英尺	装载一般货物的集装箱	425.50	659.50
		空箱	294.10	503.00
		装载一级危险货物的集装箱	467.90	725.20
		冷藏重箱	467.90	725.20
		冷藏空箱	324.10	502.20
	40英尺	装载一般货物的集装箱	638.30	1 000.20
		空箱	441.10	768.60
		装载一级危险货物的集装箱	702.00	1 088.20
		冷藏重箱	702.00	1 088.20
		冷藏空箱	486.10	753.40

　　集装箱船在非集装箱专用码头装卸集装箱，如船方不提供起舱机械，而由港方提供岸机或浮吊进行装卸时，除按表4-7的规定计收装卸包干费外，另按其相应箱型装卸包干费率的15%加收岸机使用费；使用浮吊的，另收浮吊使用费。装卸滚装船装运的集装箱，在集装箱专用码头使用岸机或船机采用"吊上吊下"方式作业的，或在非集装箱专用码头使用船机采用"吊上吊下"方式作业的，按表4-7的规定计收装卸包干费；在非集装箱专用码头使用岸机采用"吊上吊下"方式作业的，除按表4-7的规定计收装卸包干费外，另按其相应箱型装卸包干费率的15%加收岸机使用费。如同时使用铲车（叉车）等机械在舱内进行辅助作业时，另收机械使用费。装卸带有底盘车的集装箱，使用港方拖车进行"滚上滚下"方式作业的，按表4-7的规定计收装卸包干费；使用船方拖车进行"滚上滚下"方式作业的，按表4-7规定费率的50%计收装卸包干费。

　　内支线运输的集装箱在港口的装卸作业，按《港口收费规则》附表5中规定费率的90%计收集装箱装卸包干费。

　　使用驳船进行码头与锚地（或挂靠浮筒）的船舶之间的集装箱装卸作业，除按表4-7的规定计收装卸包干费外，另按实计收装卸驳船费和驳运费。

　　在集装箱专用码头上装卸集装箱船捎带的散装杂货不具备"滚上滚下"条件者，装卸费按表4-6中相应货类的费率加倍计收。

　　集装箱装卸包干作业范围以外的装卸汽车、火车、驳船（不包括拆、加固），按"汽车、火车、驳船的集装箱装卸费及集装箱搬移、翻装费率表"（见表4-8）

的规定计收装卸费。

表 4-8　　　汽车、火车、驳船的集装箱装卸费及集装箱搬移、翻装费率表

箱型			汽车装卸、搬移、翻装费（元/箱次）	火车、驳船装卸费（元/箱次）
标准箱	20英尺	装载一般货物的集装箱	49.50	70.20
		空箱	49.50	70.20
		装载一级危险货物的集装箱	53.70	76.50
		冷藏重箱	53.70	76.50
		冷藏空箱	53.70	76.50
	40英尺	装载一般货物的集装箱	74.30	105.30
		空箱	74.30	105.30
		装载一级危险货物的集装箱	82.50	115.30
		冷藏重箱	82.50	115.30
		冷藏空箱	82.50	115.30

注：（1）非标准集装箱上述费率面议，但最高不超过其相应箱型标准箱包干费的一倍。

（2）"非标准集装箱"是指尺寸与标准箱不同的集装箱、变形箱和超限箱，但长宽与标准箱相同的高箱、不调换装卸索具的开顶箱及四周不超限的框架箱，按相应箱型标准箱计费。

（3）"超限"是指箱内货物的外形超出了集装箱的尺寸。

集装箱在码头发生搬移，按表 4-8 的规定，以实际发生的搬移次数（搬移集装箱需相应搬移其他箱子时，其他箱子不另收搬移费），向造成集装箱搬移的责任方或要求方计收搬移费。搬移费适用下列情况：

（1）非港方责任，为翻装集装箱在船边与堆场之间进行的搬移；

（2）为验关、检验、修理、清洗、熏蒸等进行的搬移；

（3）存放港口整箱提运的集装箱超过 10 天后，港方认为必要的搬移；

（4）船方或货方责任造成的搬移；

（5）应船方或货方要求进行的搬移。

港方按船方或货方要求、或船方或货方责任造成的船上集装箱翻装，按表 4-8 的规定，以实际发生的翻动次数，向造成集装箱翻装的责任方或要求方计收翻装费。在非集装箱专用码头进行船上集装箱翻装，如船方不提供起舱机械，而由港方提供岸机或浮吊进行翻装时，除按表 4-8 的规定计收翻装费外，使用岸机的，另按其相应箱型装卸包干费率的 15% 加收岸机使用费；使用浮吊的，另收浮吊使用费。翻装作业，集装箱需进堆场时，除收取翻装费外，另加收二次搬移费。

集装箱在集装箱货运站（仓库）进行拆、装箱作业，按《港口收费规则》附表 7 的规定，分别向船方（集装箱货运站交付）或货方（应货方要求进行的）计收拆、装箱包干费。拆、装箱包干作业包括：

（1）拆箱：拆除箱内货物的一般加固，将货物从箱内取出归垛，然后送到货方汽车上（不包括汽车上的码货堆垛），编制单证及对空箱进行一般性清扫。

（2）装箱：将货物从货方汽车上（不包括汽车上的拆垛）卸到集装箱货运站（仓库）归垛，然后装箱并对箱内货物进行一般加固，编制单证及对空箱进行一般性清扫。

外贸进口货物和集装箱原船未卸中途换单后继续运往国内其他港口，或内贸出口货物和集装箱原船未卸中途换单后继续出口国外港口，到达港或起运港分别按表 4-6 和表 4-7 的规定计收装卸费和装卸包干费。

空、重集装箱在港口发生干支线中转，由各港根据本港情况自己制定集装箱中转包干费计收办法，报交通部备案。包干范围自集装箱开始卸船起，至装上船离港止。

国际过境散杂货物，按表 4-6 规定费率的 70% 计收装卸船费。

国际过境集装箱，按表 4-7 的规定，向船方计收过境包干费。包干范围自集装箱开始卸船（车）起，至装上车（船）离港止。

7. 工时费（Working hours）

港方派装卸技术指导员在船上指导组成车辆、危险货物、超长货物、笨重货物（钢坯、钢锭除外）的装卸作业，按《港口收费规则》附表 7 的规定计收装卸技术指导员工时费。应船方或货方的委托进行下列作业，按《港口收费规则》附表 7 的规定，以实际作业人数，向申请方计收工时费。

（1）在装卸融化、冻结、凝固等货物时，进行的敲、铲、刨、拉等困难作业；

（2）除本规则另有规定的外，进行捆、拆加固，铺舱、隔票、集装箱特殊清洗以及其他杂项作业。

上述作业所需材料由委托方供给。使用港口机械的，另收机械使用费。

工时费在节假日、夜班的附加费按基本费率的 50% 计收，节假日的夜班附加费按基本费率的 100% 计收。

8. 其他港口使费

租用港方船舶、机械、设备，船方或货方委托港方工人进行杂项作业以及船方原因造成港方工作人员待时等，均按《港口收费规则》附表 7 的规定计收费用。工时费在节假日、夜班的附加费按基本费率的 50% 计收，节假日的夜班附加费按基本费率的 100% 计收。

租用码头、浮筒进行供油、供水等作业，由租赁双方协商付费。

通过港区铁路线的集装箱或使用港方机车取送的集装箱，按《港口收费规则》附表 8（集装箱铁路线使用费、货车取送费率表）的规定计收铁路线使用费或货车取送费。

出口货物或集装箱退关时，按实际发生的作业项目向货方计收费用。

9. 船舶吨税（Tonnage Dues）

船舶吨税是海关代表国家交通管理部门在设关口岸对进出我国国境的船舶征收的用于航道基础设施建设的一种使用税。征收对象是外籍船舶、外商租用的中国籍船舶、中外合营企业使用的中外籍船舶，但以下各种船舶免征：

① 有外交关系的大使馆、公使馆、领事馆使用的船舶；

② 有当地港务机关证明，属于避难、修理、停驶或拆毁等且并不上下客（货）的船舶；

③ 专供上下客（货）及存货的泊定埠船、浮桥宽船及浮船；

④ 中央或地方政府征用或租用的船舶；

⑤ 进港后 24 小时或停泊港口外 48 小时内离港且并没有装卸任何客（货）的船舶；

⑥ 来港口专为添装船用燃料、物料并在进港后 24 小时或停泊港口外 48 小时以内离港且并没有装卸任何客（货）的船舶；

⑦ 吨税税额不满 10 元的船舶；

⑧ 在吨税执照期满后 24 小时内未上下客（货）的船舶。

《中华人民共和国船舶吨税暂行条例》已于 2011 年 11 月 23 日国务院第 182 次常务会议通过，自 2012 年 1 月 1 日起施行。该条例规定，自中华人民共和国境外港口进入境内港口的船舶（以下称应税船舶），应当依照本条例缴纳船舶吨税（以下简称吨税）。吨税设置优惠税率和普通税率。中华人民共和国籍的应税船舶，船籍国（地区）与中华人民共和国签订含有相互给予船舶税费最惠国待遇条款的条约或者协定的应税船舶，适用优惠税率。其他应税船舶，适用普通税率。下列船舶免征吨税：

① 应纳税额在人民币 50 元以下的船舶；

② 自境外以购买、受赠、继承等方式取得船舶所有权的初次进口到港的空载船舶；

③ 吨税执照期满后 24 小时内不上下客货的船舶；

④ 非机动船舶（不包括非机动驳船）；

⑤ 捕捞、养殖渔船；

⑥ 避难、防疫隔离、修理、终止运营或者拆解，并不上下客货的船舶；

⑦ 军队、武装警察部队专用或者征用的船舶；

⑧ 依照法律规定应当予以免税的外国驻华使领馆、国际组织驻华代表机构及其有关人员的船舶；

⑨ 国务院规定的其他船舶。

上述第五项至第八项，或在吨税执照期限内，应税船舶发生避难、防疫隔离、修理并不上下客货或军队、武装警察部队征用等情形之一的船舶，应当提供海事部门、渔业船舶管理部门或者卫生检疫部门等部门、机构出具的具有法律效力的证明文件或者使用关系证明文件，申明免税或者延长吨税执照期限的依据和理由。

吨税按照船舶净吨位和吨税执照期限征收。应税船舶负责人在每次申报纳税时，可以按照吨税税目税率表（见表4-9）选择申领一种期限的吨税执照。应税船舶负责人应当自海关填发吨税缴款凭证之日起15日内向指定银行缴清税款。未按期缴清税款的，自滞纳税款之日起，按日加收滞纳税款0.5‰的滞纳金。吨税的税目、税率依照表4-9执行。

表4-9   **吨税税目税率表**

税　目 （按船舶净吨位划分）	税　率（元/净吨）						备　注
	普通税率 （按执照期限划分）			优惠税率 （按执照期限划分）			
	1年	90日	30日	1年	90日	30日	
不超过2 000净吨	12.6	4.2	2.1	9.0	3.0	1.5	拖船和非机动驳船分别按相同净吨位船舶税率的50%计征税款
超过2 000净吨，但不超过10 000净吨	24.0	8.0	4.0	17.4	5.8	2.9	
超过10 000净吨，但不超过50 000净吨	27.6	9.2	4.6	19.8	6.6	3.3	
超过50 000净吨	31.8	10.6	5.3	22.8	7.6	3.8	

（三）可能产生的其他港口使费备用金项目

1. 船舶港务费（Harbour Dues）

船舶进出港口和在港停泊期间，因使用港口的水域、航道和停泊地点，应按规定向港口当局交付的费用。有的港口把港务费分成多种费目征收，如疏浚费、港口管理局费、水闸费等。船舶港务费由海事管理机构征收，通常按船舶吨位总吨位或净吨位，以进出港合并一次征收，收费标准为每净吨（马力）0.71元/次。

避难船舶、非运载旅客或货物的船舶免征，进港船舶没有卸货、下客行为，免征进口船舶港务费，出港船舶没有装货、上客行为，免征出口船舶港务费。进口或出口船舶的客、货运费收入在船舶港务费两倍以下的凭相关证明免征船舶港务费。

2. 口岸出入境检查检验机构的收费（Service Charge for Officials）

卫生检疫费和卫生处理费包括：检疫费，按船舶大小，每次收取100、170、

260 或 330 元，进出口分别收取；检疫用的交通艇费用（过去实行联检时，各联检单位共同上船所用交通艇由港务监督安排，费用是从向船方收取的港务费中支出的）；对来自疫区船舶所载压舱水进行消毒的消毒费（每吨压舱水收 0.46 元）以及因消毒发生的交通艇费用；对有鼠、虫患的船舶进行灭鼠、灭虫投药或熏蒸（对进口二手船实行强制熏蒸）的费用；与船舶熏蒸相关的船员上岸食宿及交通费用；新办、更新或展期船舶各类卫生、除鼠或免予除鼠等证书的费用；办理船员体检、防疫针注射的费用等。船舶来自地是否属于疫区由卫检确定，代理应经常联系当地卫检，掌握相关信息。

3. 交通费（Traffic Charges）

交通费包括代理和相关口岸检查官员及船员使用交通工具（车、船）所发生的费用，一般情况下是凭船方签字确认的发票来向委托方实报实销。根据船舶在港时间的长短和所停泊的位置，单船交通费数额会相差很大，有时单船交通费会达到很大的数额，引起委托方的不满。因此，代理必须对交通费开支进行严格控制、审核和把关。有的委托方还会要求代理对交通费实行航次包干，超额部分由代理自己承担，节省部分则归代理所有。

4. 通信费（Communication Charges）

通信费包括代理与船方联系所使用的卫星通信和 VHF 通信费用，与委托方以及装卸港代理联系所用的长途电话、传真、E-mail 等费用，与口岸查验部门联网进行申报、传送相关单证的网络通信费用，船长使用代理电话或租用代理手机与国内外进行联系的国际国内长途电话费用等。通信费大多采用实报实销的办法，有的船东则要求代理采用航次包干的办法来结算通信费。

除上述费用外，与船舶有关的费用，还包括灯标费、结关费、垃圾费、熏舱费等。

5. 理货费（Tally Charge）

我国对外贸进出口件杂货和集装箱货物仍然实行强制理货。根据原交通部公布的航行国际航线船舶理货费率表的标准收费，计费项目包括基本理货费（又细分为件货理货费、集装箱理货费、集装箱拆/装箱理货费等十项费收）、计量费、交通费、附加费、超尺码理货费和其他等。一般普通件杂货的基本理货费率为 3.45 元/吨，标准集装箱的基本理货费率为 12 元/箱。理货费在港口总使费中占较大的比例，夜间作业或节假日作业都要收取附加费。

6. 堆存费（Storage Charge）

堆存费是指国内外进出口货物在港口仓库、堆场堆存保管时，按规定计收的费用。原交通部、发改委的交水发［2005］234 号文规定："货物和集装箱在港口库场存放，由港口经营人收取堆存保管费，堆存保管费的收费标准由港口经营人自行确定，并在其经营场所提前对外公布"。

7. 浮吊或岸上设备租用费 (Rental of Floating Craneor Other Shore Facilities)

船舶运载超重、超大货物，有时需要租用港口浮吊进行装卸作业。浮吊费用是根据实际作业时间加上驶离基地和返回基地的时间之和乘以浮吊的有效安全负荷吨位再乘以单位费率计算出来的。浮吊或其他岸上设备租用费率如表4-10所示。

表4-10　　　　　　　　　　　浮吊或其他岸上设备租用费率表

有效安全负荷（吨）	费率（吨/小时）
50 负荷吨以下的浮吊	9.30 元
50~100 负荷吨的浮吊	8.30 元
100 以上负荷吨的浮吊	6.30 元

夜间、节假日作业和节假日夜间作业还要分别收取50%和100%的附加费，拖带浮吊所使用的拖轮需另按拖轮收费标准收费。为控制浮吊租赁费用总额，代理在代表委托方联系租用浮吊时，一般应尽量联系租用合适负荷吨位的浮吊，还应尽量以包干费的方式来与出租方进行谈判。

船方有时还需要租用港方相关设备，如起重机、吸扬机、岸梯、岸电、岸线电话或防雨设备、靠垫等，来进行装卸作业和满足其特殊需要，港方根据设备租用费率标准来收取相关设备的租赁费或使用费。

8. 码头工人工时费和杂作业费 (Labour Charge)

装卸作业过程中港方派遣的装卸指导员是按人/工时收取费用的，船方有时还需要雇用码头工人进行扫舱、拆/装货物绑扎加固材料、铺垫舱、搭/拆隔舱板或防动板、特殊平舱、拆包和倒包、灌包和缝包、分（货）票、挑（货）票等工作，除杂项作业费率表上已经列出的项目以外，按人/工时收费标准来收取工时费，一般普通工按 9.20 元/人/工时加以收取，技术工按 13.70 元/人/工时加以收取。

9. 各种检验、计量费 (Surveyors Charge)

船舶检验单位是船检，这是对船舶的适航、损坏范围与程度、设备安全等进行的各种定期和临时的检验，如船舶状况检验（交/还船船况检验），船舶存油水检测检验等。其他检验和计量包括对船舱货物适装性的检验、货物的品质检验、货物受损范围和程度的检验、查验货物是否已经卸净的油轮及散化船的干舱检验等，检验单位是商检。计量包括货物丈量和计量（含检尺量舱和公估），还有封舱、取样、化验等收费服务项目，计量单位是质量监督检验检疫局或其他合法检验机构，收费标准各不相同。计量大多数情况下由货主申请并付费。

船舶装运某些出口货物如粮食、食品等，装货前验舱是强制的。对重要设备机件发生故障或船体受损已经不再适航的船舶，修理后，按照国际公约规定必须进行适航性检验。海事局根据国际公约对进港船舶进行港口国安全检查（PSC）时，如发现船舶有缺陷（Deficiency）并责令其离港前纠正（Toberectified）的，常常需要在当地安排修理和修理后的检验。对涉及多方责任及利益的船、货损坏检验，代理应尽量联系利益各方争取安排联合检验（Joint Survey），即利益各方指定的检验师同时到场进行联合检验，使双方检验师出具的报告内容尽量一致。代理应掌握了解各种检验收费标准，提供给委托方决策参考。

10. 供油、供水费（Bunker/Water Supply Cost）

船舶在港口安排添加燃料油（柴油、燃油）、机油（润滑油）和淡水是经常发生的情况。委托方一般会采用两种不同的方式来安排，一种是通过与其签订有长期供应协议的国际加油公司，国际加油公司再通过其在当地的子公司或协议户来安排加油并在事后结算费用，代理只负责联系沟通；另外一种方式就是委托方通过代理在当地采购，供油方会要求代理付款或承诺付款（担保）后才能供油。由于油价经常变动，油款总金额一般都很大，代理垫付油款的压力和风险都很大，往往会等委托方确认油价并将油款汇达后才安排供油。

11. 伙食、物料供应费（Provision/Store Supply Cost）

船方在港口经常需要补充伙食和物料，供应数量大时，涉及的金额也会很高。代理应根据船方提出的需求及时联系经过本公司评审的合法供应商（分包方）来报价，再根据报价总额向委托方索汇供应款。近年来，船方直接以现金支付方式来采购伙食的情况越来越普遍，一般不再通过代理结算。

12. 船员费用（Crew Cost）

船员费用包括船方借支（大多是船东需支付给船员的工资、加班费、劳务费和奖金），船员遣返用的机票、住宿、伙食、交通（有时包括船东代表来港口出差所发生的食宿、交通、机票和借支）等开支，代理办理船员更换、就医、登陆所产生的各项费用等。代理在接到船东代表或船方提出的相关要求后，必须及时估算所需费用数额并尽快与委托方取得联系，争取获得其确认并追加汇付相关费用的备用金。如委托方不是船东，对船东费用不肯代付代结，则需要尽快另外单独向船东索要。如船方要借支外币现钞，一般需凭船东汇款凭证和银行进账凭证到外汇管理局审批后才能从银行提取到外汇现钞。这需要代理提前向委托方说明，以免延误将外汇现钞借支送船。借支送船后需要由船长签收，收据作为结算凭证。

13. 污油污水/垃圾处置费和围油栏费（Slop/Garbage Disposal, Oil Fence Charges）

根据有关国际公约，船舶机舱污油和含油污水必须由主管当局指定的接收单位回收和处理，船舶产生的生活垃圾也应由港口指定单位定期回收处理，油轮在货舱内的压舱水必须排放到指定的污水处理池进行处理，为防止跑冒滴漏和溢油污染当地海域，油轮靠泊后要在周围敷设围油栏。处理单位和设备提供并敷设的单位要根据相应收费标准收取费用。污油回收的费用要根据实际情况面议，垃圾回收的收费标准各港不尽相同，港方设施接收污水的处理费是每吨2.20元，围油栏使用费是1 000净吨以下船舶每船次收3 000元，1 000~3 000净吨的船舶每船次收3 500元，3 000净吨以上的船舶每船次收4 000元。由于超级油轮（VLCC）开始挂靠中国港口，部分港口开始对VLCC每船次收8 000元围油栏使用费。

14. 临时修理费和零备件转运费（Repair Chargeand Handling Charge for Spare Parts）

船舶发生故障或机械损坏影响开航时，需要在当地港口进行临时修理，修理的费用可能会比较高。一般船东会直接与修理厂家联系、协商价格并通过其他渠道直接结算费用。也有的船东需要代理为其联系安排修理，修理费用通过代理来结算。船东临时将船用备件空运来港让代理报关、提货并转送上船的情况也时常发生，及时转运零备件上船也是一项重要的工作，代理有可能需要委托有报关权的分包方来完成，要注意及时索要相关费用的备用金（这类费用有时与委托方无关）。

15. 船舶运输收入税（Income Taxon Transportation）

根据财政部财税字［1996］87号文的规定，外国公司以船舶从中国港口运载旅客、货物或者邮件出境，取得运输收入的承运人为纳税人，船舶代理人为代扣/代收/代缴义务人。税率是运输收入总额的4.65%，其中3%为营业税，1.65%为企业所得税。与我国缔结有协定享受减税或者免税的按照协议规定执行，目前有82个国家和地区与我国签订有避免双重征税协定，加上其他相关协定中有免征条款，实际需要征收船舶运输收入税的很少。

16. 其他可能会产生的费用（Other Expenses/Charges）

除以上所列各项费用以外，还可能会应委托方要求或船舶发生特殊情况而产生特殊费用，如船舶发生海事后的处理，超吃水船舶抢潮进出港和抢潮装卸作业，因特殊情况委托方申请巡逻船开道或护航，危险品由监护船实行强制监护，船舶停靠非监管区后发生监管费用，速遣费用，船舶或船员违章违规接受处罚，委托方临时委托办理特殊事项所发生的相关费用等，代理应根据情况及时追加索要备用金。

二、备用金索汇

船舶代理人为防止备用金不足以支付船舶在港发生的各项费用，经常索汇比实际需要更多的备用金。实际上，如果备用金超出船舶在港发生的费用，超出部分还是要退还给委托方，由此会增加银行手续费用，也会增加委托方的费用，同时还增加了船舶代理人自己的工作。

实务中，航次代理中的委托方经常会给几家代理公司同时发询问电，船舶代理人索汇的备用金额就有可能影响到委托方选择代理人的决策。因此，国内船舶代理公司一般操作如下：

（1）报价电文发出后，应跟踪落实对方汇付情况，如对方对有关报价有异议应进一步核实调整。

（2）报价电文发出后，应委托方或船方要求，发生另外委办事项或事先未预计到的原因或情况发生的，从而产生的额外费用应及时追加。

（3）船舶开航前应核对使费到账情况，对于未到账的船舶，除长期客户外，应报船务部经理，以便及时采取相应措施。

（4）关注船舶使费结算结果，对于使费欠款，在商务寄出结算单据后应及时联系委托方或付款方进行催讨，加快使费欠款的回收。

三、备用金结算

结算备用金，应本着"一船一清"的原则，即一艘船舶的备用金，不能用于同一委托方的其他船舶，每航次剩余的备用金应进行清算，并向委托方请示处理意见。船舶装卸完毕离港后，委托方希望尽快收到结账单以核算航次成本，代理应及时对各种港口使费作出航次结账单，连同原始单据寄委托方进行结算。及时结算备用金体现了代理的工作效率，结算工作要做到迅速、准确、清晰、整洁，最迟不超过船舶离港后 30 个工作日将航次结账单寄送给委托方。

航次账单原始费用单据很多，各种清单和费用原始单据，都应清晰无误并应取得有关人员（船长、轮机长、大副、管事等）在费用单据上的签署；如船已离港，可将单据复印后留底随结账单寄委托方，原始单据是办理结算的依据，一定要在结算费用后寄出，如果备用金尚有结欠，则暂不寄出，只寄账单，不附原始单据，待欠款汇来后再寄；如委托方索要可提供复印件。

任务二　业务单证缮制

一、提单签发

1. 提单的定义和功能

在对外贸易中，提单（B/L）是运输部门承运货物时签发给发货人的一种凭证，用以证明海上货物运输合同和货物已经由承运人接收或者装船以及承运人保证据以交付货物的单证。收货人凭提单向货运目的地的运输部门提货，提单需经承运人或船方签字后方能开始生效。

提单是海运货物向海关报关的有效单证之一，在法律上的核心内容主要包括三个方面：

（1）货物收据

对于将货物交给承运人运输的托运人，提单具有货物收据的功能。承运人不仅对已装船货物负有签发提单的义务，而且根据托运人的要求，即使货物尚未装船，只要货物已在承运人掌管之下，承运人也有签发一种被称为"收货待运提单"的义务。所以，提单一经承运人签发，即表明承运人已将货物装上船舶或已确认接管。

（2）物权凭证

对于合法取得提单的持有人，提单具有物权凭证的功能。提单的合法持有人有权在目的港以提单相交换来提取货物。承运人只要出于善意，凭提单发货，即使持有人不是真正货主，承运人也无责任。除非在提单中指明，提单可以不经承运人的同意而转让给第三者，提单的转移就意味着物权的转移，连续背书可以连续转让。

提单的物权凭证属性在时间上受到两种限制：一是提单的转让必须在承运人交货前才有效。提单下面一般都有类似这样的文字："本提单正本签发一式几份，其中一份生效（指提货）其余文本失效"；二是提单持有人必须在货物运抵目的港一定时间内把货物提走，过期则视为无主货物，承运人可对货物行使处置权。

（3）海上货物运输合同成立的证明文件

提单上印的条款规定了承运人与托运人之间的权利、义务，是法律承认处理有关货物运输的依据，在习惯上提单常被人们认为就是运输合同。按照严格的法律概念，提单并不具备经济合同应具有的基本条件，与其说提单本身就是运输合同，还不如说提单只是运输合同的证明更为合理。因为提单不是双方意思表示一致的产物，约束承托双方的提单条款是承运人单方拟定的；提单履行在前，而签发在后，早在签发提单之前，承运人就开始接受托运人托运的货物和将货物装船等有关货物运输的各项工作。

如果在提单签发之前，承托双方之间已存在运输合同，则不论提单条款如何规定，双方都应按原先签订的合同约定行事；但如果事先没有任何约定，托运人接受提单时又未提出任何异议，这时提单就被视为合同本身。由于海洋运输的特点，托运人并没在提单上签字，但提单不同于一般合同，不论提单持有人是否在提单上签字，提单条款对他们都具有约束力。

2. 提单的种类

根据货物是否装船，提单分为"已装船提单"（Shipped B/L）和"备运提单"（Received for Shipment B/L）。在"备运提单"上加注"已装船"注记后，即成为"已装船提单"。

根据提单上对货物外表状况有无不良批注，提单分为"清洁提单"（Clean B/L）和"不清洁提单"（Foul B/L）。国际贸易结算中，银行只接受"清洁提单"，即承运人未在提单上批注货物外表状况有任何不良情况。

根据提单"收货人"栏内的书写内容，提单分为"记名提单"（Straight B/L）和"指示提单"（Order B/L）。

　　除有长期代理协议关系的委托方已经明确应该使用的提单格式以外，对来港装货的不定期船舶，代理公司在接受委托方委托后，应尽快联系委托方确定需要使用的提单格式，并索要足够数量的空白提单供发货人缮制提单（原则上讲提单是应该由承运人或其代理缮制的）；没有固定提单格式的，可向船长索要；若船长未能提供相应格式的提单，可建议委托方或船长使用代理印制的无抬头空白提单格式，但必须将承运人名称另外打在提单抬头位置处。除班轮和有长期代理关系的船舶外，代理应尽量预先将发货人缮制的提单传送给委托方审核，获委托方确认后再签发。

　　定期班轮的委托方大多是船东或船舶经营人，往往会在代理协议中规定全权授权代理来签发提单，代理则应按照委托方的指示和规定程序来签发提单。对不定期船，提单应该由船长签发；如船长委托代理来签发提单，代理必须取得船长授权签发提单的书面授权委托书，授权委托书内容中应争取"包含""to sign and release clean on board original bill of lading"字样，以免出现问题和争议后船长坚持提单加批或只让签而不让放，让代理为难。船长委托代理签发提单的授权委托书式样举例如下：

Dalian, 20th June, 2006

To：×××Agencies Dalian Co. , Ltd.

　　29th Floor, ×××Hotel

　　No. ×××Avenue, Zhongshan District, Dalian, China 116001

　　AUTHORIZATION

Dear Sirs,

　　Please be kindly informed that, I, the undersigned Master, hereby authorize you, on my behalf, to sign and release clean on board original Bills of Lading to the shippers against the production of the Mate's Receipts duly signed by my Chief Officer for those cargo loaded on board my vessel at the Port of Dalian for the present voyage.

　　Your kind assistance shall be highly appreciated.

　　Yours faithfully

Master：×××

M. V. ×××

　　3. 提单的签发

　　提单应由承运人、船长或其代理人签发。如为承运人或船长签署，必须标明其为承运人或船长，承运人自身签署的要注明"AS CARRIER"，如果是代理人签署提单，则代理人必须注明被代理人的名称和身份，标明"AS AGENT FOR

CARRIER ×××"。代理缮制和签发的各种单证，与承运人自行办理具有同等效力和作用。

如果船方委托代理签发提单，需要有船东的书面委托书，船舶代理人在货物装船后，凭大副收据向发货人签发船公司的提单，提单内容必须与大副收据（或场站收据）记载的内容一致。

船舶代理人代签提单，要严格掌握不签预借提单或倒签提单。倒签提单是指承运人签发提单时倒填签发日期的行为。预借提单是指货物在装船前或装船完毕之前，托运人为了及时结汇，向承运人预先借用的提单。预借提单比倒签提单风险更大，因为它面临货物在装船前可能发生灭失、损坏或退关的风险。

签发提单还应注意签发清洁提单，因为承运人要对所承运货物的表面状况负责。在装船过程中，如发现货物包装不牢固、破损、残漏或标记不清等情况而发货人又不能换货或换包装时，大副要在其大副收据上加以批注，船舶代理人只能根据大副收据在提单上相应加批注。这种有批注的提单，视为不清洁提单，银行不予接受，会影响发货人安全结汇。发生这种情况时，船舶代理人应协助发货人接洽船方协商解决，由发货人出具保函换取清洁提单，待取得船、货双方的同意后，按照船东指示，予以签发清洁提单。比如，当发货人根据信用证规定提出特别要求时，当船方对货物品质和重量有异议而坚持在大副收据或提单上加批注时，当运费没有按照协议规定支付而委托方要求留置提单时，上述几种情况，代理一般以要求有关方出具担保函（包括银行担保）的方式来解决；担保一般必须是原件，要盖单位公章，并要取得另外一方对保函内容的书面确认。

代理在签发提单前必须对提单内容进行严格仔细的检查核对，一旦出现差错可能会造成很大的损失。签发方式分为手签和印签两种。

二、海运单签发

1. 海运单

海运单（Sea Waybill）是证明海上货物运输合同和承运人接收货物或者已将货物装船的不可转让的单证。海运单的正面内容与提单基本一致，但印有"不可转让"的字样。有的海运单在背面订有货方定义条款、承运人责任、义务与免责条款、装货、卸货与交货条款、运费及其他费用条款、留置权条款、共同海损条款、双方有责碰撞条款、首要条款、法律适用条款等内容。

对短航程定期班轮来说，常常会遇到船到卸货港后因收货人没有取得正本提单而不能及时办理提货手续的困难。为提高海运效率，欧美国家首先开发和使用了海运单来部分替代提单的功能，并获得了很好的效果。

海运单作为一种不具备流通功能的"提货凭证"和"运输契约证明"（非有价证券），与提单的不同之处在于不必提供正本的前提下可以交货。海运单仅涉及托运人、承运人、收货人三方，程序简单操作方便，有利于货物的转移。使用海运单的优点是：

（1）它是一种安全凭证，不具有转让流通性，可避免单据遗失和伪造提单所产生的后果。

（2）提货便捷、及时、节省费用，收货人提货无须出示海运单，这既解决了近途海运货到而提单未到的常见问题，又避免了延期提货所产生的滞期费、仓储费等。

（3）它不是物权凭证，扩大海运单的使用，可以为今后推行 EDI 电子提单提供实践的依据和可能。

2. 海运单与提单的区别与联系

提单是货物收据、运输合同的证明，也是物权凭证；海运单只具有货物收据和运输合同的证明这两种性质，它不是物权凭证。海运单和提单都可以作成"已装船"形式，也可以是"收妥备运"形式。

提单可以是指示抬头形式，可以背书流通转让；海运单是一种非流动性单据，海运单上标明了确定的收货人，不能转让流通。海运单的正面各栏目的格式和缮制方法与提单基本相同，只是海运单收货人栏不能做成指示性抬头应缮制确定的具体收货人。提单的合法持有人和承运人凭提单提货和交货，海运单上的收货人并不出示海运单，仅凭提货通知或其身份证明提货，承运人凭收货人出示的适当身份证明交付货物。提单有全式提单和简式提单之分，而海运单是简式单证，背面不列详细货运条款但载有一条可援用海运提单背面内容的条款。

海运单和记名提单（Straight B/L），虽然都具有收货人，不作背书转让（我国法律将记名提单还是当做提单来看的），但事实上，记名提单不具备物权凭证的性质。有些国家收货人提货需要出具记名提单，但有些国家（如美国）只要能证明收货人身份也可以提货，此时记名提单在提货时和海运单无异。

3. 海运单的签发

首先要取得在卸货港准备办理提货手续的收货人的签名样本（或印章），然后在装货后签发海运单。船公司（或通过其代理）在船舶进港前，发到货通知（Arrival Notice）给收货人，收货人在到货通知副本上签名或盖印（预先登录过的）送交船公司或其代理，经船公司或其代理审核确认签名无误后签发交货通知书（D/O，即 Delivery Order，俗称小提单），收货人凭 D/O 到码头提货。如收货人签字后委托他人前来提货，代理提货的人也必须在到货通知书副本上签名并最好留身份证复印件。

提单与海运单相比，使用海运单更为方便，海运单往往在以下场合加以使用：

（1）跨国公司的总分公司或相关的子公司间的业务往来；

（2）在赊销或由买方付款作为转移货物所有权的前提条件下，提单已失去其使用意义；

（3）往来已久，充分信任，关系密切的伙伴贸易间的业务；

（4）无资金风险的家用的私人物品，无商业价值的样品；

（5）在短途海运的情况下，往往是货物先到而提单未到，宜采用海运单。

海运单在实践中也存在着一些问题，主要体现在以下两方面：

（1）进口方作为收货人，不是运输契约的订约人，与承运人无契约关系。如果出口方发货收款后，向承运人书面提出变更收货人，则原收货人无诉讼权。

（2）对出口托运人来说，海运单据项下的货物往往是货到而单未到，而进口方却已先行提货。如果进口收货人借故拒付、拖付货款，出口方就会有货、款两失的危险。为避免此类情况，可以考虑以银行作为收货人，使货权掌握在银行手中，直到进口方付清货款。

为此，国际海事委员会制定并通过了《海运单统一规则》。如《海运单统一规则》第3条规定："托运人订立运输合同，不仅代表自己，同时也代表收货人，并且向承运人保证他有此权限。"同时，第6条规定："托运人具有将支配权转让收货人的选择权，但应在承运人收取货物之前行使，这一选择权的行使，应在海运单或类似的文件上注明。"此规定既明确了收货人与承运人之间也具有法律契约关系，又终止了托运人在原收货人提货前变更收货人的权利。

三、其他单据缮制

1. 托运单（Booking Note，B/N）

托运单俗称下货纸，是托运人根据贸易合同和信用证条款内容填制的，向承运人或其代理办理货物托运的单证。承运人根据托运单的内容，并结合船舶的航线、挂靠港、船期和舱位等条件考虑，认为合适后，即接受托运。

托运单是托运人和运货人之间关于托运货物的合约，其记载有关托运人与运货人相互间的权利义务。运货人签收后，一份给托运人当收据，货物的责任从托运人转至运货人，直到收货人收到货物为止。如发生托运人向运货人索赔的情况，则托运单是必备的文件。运货人输入托运单上的数据正确与否，对后续作业影响甚大。托运单的缮制主要包括以下内容：

① 目的港。名称需明确具体，并与信用证描述一致，如有同名港时，需在港口名称后注明国家、地区或州、城市。如信用证规定目的港为选择港（Optional

Ports）时，则目的港应是同一航线上的、同一航次挂靠的基本港。

②运输编号，即委托书的编号。每个具有进出口权的托运人都有一个托运代号（通常也是商业发票号），以便查核和财务结算。

③货物名称。应根据货物的实际名称，用中英文两种文字填写，并要与信用证所列货名相符。

④标记及号码，又称唛头（Shipping Mark），是为了便于识别货物，防止错发货，通常由符号、图形收货单位简称、目的港、件数或批号等组成。

⑤重量尺码。重量的单位为公斤，尺码的单位为立方米。

⑥托盘货。要分别注明托盘的重量、尺码和货物本身的重量、尺码，对超长、超重、超高货物，应提供每一件货物的详细体积（长、宽、高）以及每一件的重量，以便货运公司计算货物积载因素，安排特殊的装货设备。

⑦运费付款方式。一般有运费预付（Freight Prepaid）和运费到付（Freight Collect）。有的转运货物，一程运费预付，二程运费到付，要分别注明。

⑧可否转船、分批以及装期、有效期。需按信用证或合同要求一一注明。

⑨通知人和收货人。按需要决定是否填写。

⑩有关的运输条款、订舱和配载。根据信用证进行填写，客户有特殊要求的要一一列明。

（1）散装运输托运单

散装运输托运单（件杂货物运输或大宗货物散装运输）是散装货物在托运所需的装货单和收货单的基础上发展而成的一种综合单据。一套完整的散装海运托运单共有十二联。

第一联，船代留底；

第二、三联，运费通知单（1）（2）；

第四联，装货单，此联经船代盖章后即确认货已配船，海关在此联上盖章放行，船方凭此联收受货物，又叫关单；

第五联，收货单，即大副收据（Mate's Receipt，M/R），货物装上船后，大副在此联上签收，船公司或船代凭此联签发全套正本海运提单；

第六联，货运代理留底；

第七、八联，配舱回单（1）（2）；

第九联，货主留底；

第十联，港务部留存，用于收取港务费；

第十一、十二联，备用联（为空白）。

海运出口托运单的格式如表4-11所示。

表 4-11   海运出口托运单

托运人 Shipper:				
编号 No.:		船名 S/S:	目的港 For:	
标记及号码 Marks & Nos.	件数 Quantity	货名 Description of Goods	重量公斤 Weight Kilos	
			净 Net	毛 Gross
			运费付款方式 Method of Freight Payment	
共计件数（大写）Total Number of Packages in Writing				
运费计算 Freight		尺码 Measurement		
备注 Remarks				
抬头 Order of	可否转船 Whether transshipment allowed		可否分批 Whether partial shipment allowed	
通知 Notice	装期 Period of shipment	有效期 Period of validity	提单份数 No. of B/L	
收货人 Receiver	银行编号 Bank No.		信用证号 L/C No.	

（2）集装箱货物托运单（Dock Receipt，D/R）

集装箱货物托运单，又称为场站收据，是指承运人委托集装箱堆场、集装箱货运站或内陆站在收到整箱货或拼箱货后签发的收据，是集装箱运输专用的出口单据。托运人或其代理人可凭场站收据，向船代换取已装船或备运提单。不同的港口、货运站使用的场站收据也不一样，其联数有 7 联、10 联、12 联不等，以 10 联单较为常用。

第一联，货主留底；

第二联，集装箱货物托运单（船代留底）；

第三、四联，运费通知单（1）（2）；

第五联，装货单场站收据副本（关单）；

第六联，场站收据副本——大副联；

第七联，场站收据（正本）；

第八联，货代留底；

第九、十联，配舱回单（1）（2）。

集装箱货物托运单的格式如表 4-12 所示。

表 4-12　　　　　　　　　　　　　集装箱货物托运单

Shipper(发货人)				D/R No.(编号)		
Consignee(收货人)						
Notify Party(通知人)						
Pre-carriage by(前程运输)				Place of Receipt(收货地点)		
Ocean Vessel(船名)Port of		Voy No.(航次)		Loading(装货港)		
Port of Discharge(卸货港)		Place of Delivery(交货地点)		Final Destination(目的地)		
Container No. (集装箱号) Seal No. (封志号) Marks & No. (标记与号码)	Seal No. (封志号)	No. of Containers or Pkgs (箱数或件数)	Kind of Pkgs; Description of Goods (包装种类与货名)	Gross Weight (毛重/千克)	Measure-ment (尺码/立方米)	
Total Number of Containers or Packages(In Words)集装箱数或件数合计(大写)						
Freight & Charges (运费)	Revenue Tons (运费吨)	Rate (运费率)	Per (每)	Prepaid (运费预付)	Collect (运费到付)	
Ex Tate (兑换率)	Prepaid at(预付地点)		Payable at(到付地点)	Place of Issue(签发地点)		
	Total Prepaid(预付总额)			No. of Original B(S)/L(正本提单份数)		
Service Type on Receiving □—CY □—CFS □—DOOR		Service Type on Delivery □—CY □—CFS □—DOOR		Reefer-Temperature Required(冷藏温度)	F	C
Type of Goods (种类)	□Ordinary □Reefer □Dangerous □Auto. (普通) (冷藏) (危险品) (裸装车辆)			危险品	Class: Property: IMDG Code Page: UN No.	
	□Liquid □Live Animal □Bulk ____ (液体) (活动物) (散货)					
可否转船				可否分批		
装　期				有　效　期		
金　额						
制单日期						

2. 载货清单（舱单）（Cargo Manifest）和运费清单（Freight Manifest）

载货清单和运费清单都由代理公司印制并缮制。载货清单（也称舱单）和运费清单实际上常常使用同一格式，即在舱单运费栏填上了运费数额的（包括预付和到付）就是运费清单，未填运费的就是舱单。现在越来越多的港口已经实现舱单电子化，但纸质舱单还仍然在继续使用。我们可将舱单和运费清单分为进口（Import）和出口（Export）两类。

一些港口集装箱出口流程还设定装货清单（Cargo List，Loading List，也称预配清单）的基本数据可由舱单数据中调取，这提高了数据的一致性。具体做法就是船代从舱单数据中提取相关基本数据来编制装货清单，将其打印分发或传送给海关、码头、理货等各部门使用。待货物截载以后，代理根据码头反馈回来的实际进港集装箱数据对清单进行修改，在限定时间内，将修改好的清单做上标志（清洁清单）后重新传输给码头。清洁清单传输后即被码头锁定，代理本身无法再对其修改，只能通过书面申请方式由码头来修改。码头根据清洁清单将集装箱装船后，根据实际装船情况修改清单并通报代理，船开后在海关限定的时间内由代理将经过最终核对修改好的清单作为舱单传送给海关，被称为清洁舱单。清洁舱单传送后如再要做修改则必须向海关写出书面修改申请，阐明需要修改的原因，由海关审查批准后才能修改，海关一般会给予代理罚款或扣分的处罚。

出口舱单必须按不同卸货港分别缮制，不能将两个不同卸货港的货物打在同一页舱单上，转船货物必须在目的港后面加上中转港的名称（如 Antwerp with transshipment at Hamburg）。舱单还应按提单号顺序缮制，不要出现顺序颠倒、跳号、重号等情况，各栏目内容应完整正确，与提单内容必须保持一致，不能随意简略或将部分内容合并。件货有不同包装的要按包装类别分列，不能用"件"（Package）来替代，散装货物必须标注"In Bulk"，有压舱包的要标明压舱包数量，袋装货随货带有备用袋的要标明"备用袋"（Spare Bags）及其数量，重量要统一以公斤为单位（小数点后四舍五入），收发货人栏目应填写完整，不得私自截取或省略。集装箱运输中使用货主自有箱（Shipper's Own Container，SOC）时，应在舱单上注明，以便卸货港交货时将箱子一起交货主。冷藏货要注明保温要求，危险品应注明国际危规编号并在该票货名栏内加盖红色"危险品"（Dangerous Cargo）印章。舱单缮制完成后必须进行仔细核对，防止因打字差错而引起严重后果。原则上舱单号应与提单号保持一致。

危险品还要单独另外缮制一份危险品清单（Dangerous Cargo List）。超重、超尺码货物也需单独另外缮制一份超重、超尺码货物清单（Heavy Lift/Over Gauge Cargo List），为船方和卸货港提供便利。

运费舱单要按到付或预付方式分栏正确填写，以尺码或其他特殊单位计费的必须打上货物尺码（委托方申请了公证机关丈量的要按丈量报告的数字计费和缮打）和计费单位，基本运费和各种附加费（如 BAF，CAF，YAS，THC 等）应该分列清楚，特殊货物采用特殊费率的要注明，如 Ad. Val.（源自拉丁语 ad valorem，从价），Sample（样品），Gift（礼品），No Commercial Value（无商业价值），Freight Free（免费），Return Cargo（退运货），Minimum Freight（起码运费）等。

舱单和运费清单上的件数、重量和运费数额（按预付和到付）应按卸货港分别打上各自栏目的汇总数（合计数）。已经缮制好的舱单，其内容临时发生变更又来不及重新制作时，可用笔做修改并在修改处加盖更正（校正）章。整票货物临时退关的，应将该票货物各栏内容都用笔画掉并加盖"取消"章（Cancelled），部分退关，可在修改数字后批注"短装"（Short-Shipped or Shut-Out）。船开后发现需要更改已经交给船方或者已经寄出的舱单的部分内容，可以用电讯方式通知更改并缮制更正通知书（Correction Advice）寄送给有关方。重要内容的事后更正通知必须确保发送到位，不要遗漏，要落实对方是否收妥并争取取得对方收妥的书面确认。

3. 货物积载图（Stowage Plan）

货物积载图是按货物实际装舱情况编制的舱图，它是船方进行货物运输、保管和卸货工作的参考资料，也是卸货港据以理货、安排泊位、货物进舱的文件。货物积载图可分为计划积载图和实际积载图。

4. 集装箱设备交接单（Equipment Interchange Receipt，EIR）

集装箱设备交接单是集装箱及其设备进出港区、场站时，用箱人、运箱人与箱管人之间交接集装箱及设备的凭证，并兼有箱管人发放集装箱凭证的功能，是加强箱管、明确有关各方责任、权利和义务的集装箱运输管理单证。设备交接单分进场和出场两种，各有三联：第一联为箱管单位留底联，白色；第二联为码头、场站联，粉红色；第三联为用箱人、运箱人联，黄色。

出场设备交接单流程：用箱人、运箱人持箱管单位填制的设备交接单到发箱场站，经发箱场站核对无误后，双方共同查验箱体并在设备交接单上签字后提箱，用箱人、运箱人留下黄联，场站留下白联和粉红联，再在规定时间内及时将白联转交给箱管单位。

进场设备交接单流程：用箱人、运箱人持箱管单位填制的设备交接单将集装箱运至收箱场站，场站核对无误后，双方共同查验箱体并在设备交接单上签字后卸箱，用箱人、运箱人留下黄联，场站留下白联和粉红联，再在规定时间内及时将白联转交给箱管单位。

【任务总结】

为委托方及时安排泊位并节省船期是代理的一项重要工作，最能体现代理水平的高低。因此，代理接受委托后应及时联系船方、港方、货主和其他有关方，事前落实船舶抵港后的各项作业计划安排，落实船舶和出口货物的备妥情况或进口货物的接卸准备情况，充分利用自身的各种优势和关系，安排好泊位和船舶的装卸作业计划，必要时采取特殊措施来满足委托方的需求。

此外，根据船舶抵港预报，还应及时与船方取得联系，索要有关信息资料，了解情况以及询问船方有无其他特殊需求，主动提供船方所需的航道、泊位安排等相关信息，提出需要船方配合的具体要求。

【思考与练习】

1. 什么叫备用金？备用金包括哪些费用？

2. 实务中，备用金结算和结汇要注意哪些因素？

3. 提单如何分类？它们之间有什么区别？

【实务操作 3】 船舶抵港前准备工作

船舶抵港前要明确委托关系，索要备用金，了解来港船舶性质、来港任务、租约及有关货物买卖合同条款、运输契约等，向有关口岸查验单位办理船舶进港、检验、检疫等申报手续。

1. 确定委托关系后，列出委办事宜清单，并将船舶名称、船籍、所属公司、船舶呼号、船长、船宽、载重吨、装卸货名、货量、件数、吃水和预抵时间、下一挂靠港名称等资料输入电脑，制作成《国际航行船舶进口岸申请书》报送海事局审批。

2. 将海事局批准的《国际航行船舶进口岸申请书》打印五份，送海关、边防和检验检疫局各一份。

3. 对首次来港的船舶，向船长发送航道电，告知港口的一般概况、特殊规定等。

4. 对来港卸货的船舶，向委托方索取载货清单，分送单证部、外勤、理货、码头；如有危险货，则填写《船舶载运危险货物申报单》一式三份，在船舶到港72 小时前（如遇到周末要提前）送海事局后分送港口作业区、船方。

5. 了解掌握来港船舶动态，保持与委托方、船方的联系，并及时将船舶动态和变化情况通知港口调度，并在船舶抵港48 小时前制作《船舶预报》传真给港务管理局、港务集团和装卸作业区。

6. 向委托方索取船员名单、船舶的详细资料、证书情况、载货清单等内容。

7. 向委托方索取进口货运单证，包括载货清单、提单副本、货物积载图、集装箱箱位图，复印需要份数分送港口作业区、理货公司。航程短的，要求委托方预先电告，并随船带到。待收到单证后，连同收货人联系方式，提请单证部尽快联系收货人，安排好有关收货事宜。

8. 在船舶抵港前，与港方商定靠泊时间，将靠泊时间、指定锚泊地点通知船方、委托方，并通知引水员做好引航准备工作。

9. 抵港前 24 小时内填制《国际航行船舶入、出境动态申报表》传真至各联检单位。

10. 根据货物装卸条款，填写《船舶费用分摊表》送装卸公司等有关单位。

11. 根据委托方提供的租约要求，了解递交船舶准备就绪通知书要求、"事实记录"制作要求，将有关文件、函电复印，准备登轮办理业务时使用。

12. 根据港口情况，按照委托方的授权，同港方商谈滞期/速遣事宜，签订滞期/速遣协议。最后按装卸货的实际情况计算滞期/速遣费。

13. 将来港船舶编入月度、季度计划，送港务局业务处和港口作业区等，参加港口定期的排船会，安排泊位，保证船舶抵港后尽快靠泊作业。

14. 通知并协助船方及委托方安排检疫、验舱、修理、补给计划。

【活动设计 2】 船舶抵港前的代理业务

一、实训目的

1. 通过实训，掌握航道函电的撰写；

2. 通过实训，学会《国际航行船舶进口岸申请书》的缮制；

3. 通过实训，学会《船舶载运危险货物申报单》的缮制；

4. 通过实训，学会《船舶费用分摊表》的缮制。

二、实训设备

计算机及相应船舶代理软件。

三、实训素材

接 [活动设计 1]，在你回复 ×× Shipping Co.，Ltd 后不久，你又收到了×× Shipping Co.，Ltd 的函电如下：

China ×× Agency Ningbo,

Dear Sirs,

You, as general agents at all the vessel's ports of call, are hereby authorized to enter into and do all things necessary for the proper execution and signing on my behalf, in my name, and as my agent, Bills of Lading, other documents for the carriage of goods on board NEDLLOYD BARENT.

This authorization shall remain in full force and effect as long as you continue to act as agent for the above vessel, unless sooner terminated by me or whoever shall go for master.

Yours truly

Master of Seven Star：×××

22 May 2008

四、实训要求

1. 根据回电，请你编制一份航道电文致××船长，航道电文内容如下：

宁波港的资料如下：

（1）港口位置

北仑港区：121°53′05″E，29°56′28″6N；

镇海港区：121°43′00″E，29°57′00″N；

宁波老港：121°33′24″E，29°52′54″N；

（2）潮汐 最高潮位4.85米，最低潮位0.04米；平均高潮位2.94米，平均低潮位1.12米；

（3）航道 北航道：8.5米；南航道：19.5米；

（4）引水 强制引水，北航道距离约10海里，南航道距离约40海里，除集装箱班轮外，不夜航；

（5）拖轮 2×980HP，1×3600HP，4×3200HP，3×4200HP，1×5200HP；

（6）浮吊 无；

（7）油、淡水、伙食供应 有；

（8）船舶到达引水锚地后，应该在下锚前通过VHF6/16报告宁波VTS中心并接受VTS的指挥选择锚位；下锚完毕及在港期间必须保持VHF6/16有人守听。

2. 填写《国际航行船舶进口岸申请书》。

3. 填写《船舶载运危险货物申报单》。

4. 填写《船舶费用分摊表》。

（注：A轮与宁波港务局无速遣协议，根据提单，除装卸费由船货各半外，其余费用由承运人承担。）

船舶在港期间代理实务

☞ **学习目标**

终极目标：学会船舶在港期间船舶代理的业务和操作实务。

促成目标：

（1）了解就绪通知书、装卸时间记录、大副收据、船员医疗和遣返、需检验项目内容、货物和船舶熏蒸、船长借支等业务知识；

（2）熟悉船舶进出口岸申报和查验程序；

（3）能对进出港船舶进行正确申报，掌握船舶代理外勤岗位工作各项业务的操作要领。

☞ **知识介绍**

船舶在港期间，代理对船舶的现场服务主要由外勤来提供，外勤服务的内容会因船舶性质、来港任务不同而不同。船舶抵港后，代理需立即向委托方发送船舶抵港报告，告知其受理船舶抵港的相关信息，包括船舶抵达港口下锚（靠泊）时间，抵港时船舶吃水情况，油和水的存量，计划靠泊的泊位名称和时间，预计装卸作业的开始和完毕时间，计划开航日期和时间等，若暂时无法确定应说明情况。

此后，代理应该至少每天向委托方发送一次船舶在港动态报，内容应包括当日剩余货量、天气情况以及装卸作业过程中发生的任何动态（如停工时间及原因，船损、货损、船员出现的问题、船方借支和邮件送船时间，船用备件转交时间，加油加水时间和数量等），船舶开装、开卸时间和当日作业工班数量，预计作业完毕时间和船舶开航日期时间以及其他委托方关心的问题或信息等。若临时发生情况或已经通报的船舶动态发生了变化则应随时另报，如船舶装卸过程中临时需要移泊，应及时告知移泊时间和新泊位名称等。

任务一　船舶进出口岸申报和查验

船舶进出口岸管理是指海事管理机构、海关、边防检查机关、检验检疫机关对进出开放口岸国际航行船舶及其所载船员、旅客、货物和其他物品实施的监督检查，包括船舶进出口岸申请的审批、办理进出口岸手续，还包括对船舶临时进出口岸的管理，其形式为"联合检查"，从而维护国家主权，维持港口和沿海水域的交通秩序，保证航行安全，防止船舶污染水域。海事管理机构负责召集所有其他检查机关参加船舶进出口岸检查联席会议，研究、解决船舶进出口岸检查的有关问题。

船舶代理企业根据委托人提供的相关信息，由代理公司的计划调度部门准备好申报材料，主要包括《国际航行船舶进口岸申请书》（简称申请书）、代理公司批准证书（一次性查验）和国际航行船舶进出口岸计划。外勤部门需及时为船舶办理船舶具体的进出口岸申报、签证和查验等相关手续，除卫生检疫由检疫官直接上船办理以外，要分别到海事局、边防检查机关和海关办理进口查验手续。

举例：某口岸进出口需要提交的报表和文件及份数如表5-1所示（各港不尽相同）。

表5-1　　　　　　　　某口岸进出口需要提交的报表和文件及份数

Name of the Official Forms and Documents	Customs		Immigration		Harbour Master		Quarantine	
	Imp.	Exp.	Imp.	Exp.	Imp.	Exp.	Imp.	Exp.
General Declaration	1	1	1	1	1	1		1
Cargo Declaration	1	1			1	1		1
Crew Effects Declaration	1			1				
Ship's Store Declaration	1						1	1
Crew List	1	(1) *	2	2	1	(1) *	1	(1) *
Port Clearance of Last Port of Call						1		
Report of Ship's Particulars						1		
Last PSC Inspection Report						1		

续表

Name of the Official Forms and Documents	Customs		Immigration		Harbour Master		Quarantine	
	Imp.	Exp.	Imp.	Exp.	Imp.	Exp.	Imp.	Exp.
Copy of DOC					1			
Copy of SMC					1			
Health Declaration							1	1
Tonnage Due Certificate （If any）	1							
Cargo Manifest	1	1						
* If there is no crew change in this port, no need to submit								

除提交以上报表以外，各查验部门还需要查验相关文件和证书。各地执行方法不尽相同，需按照当地查验部门的要求来办理。一般情况下，边防检查机关需要查验海员证和护照，也可能上船进行查验或对船舶进行出口前大检（查验有无偷渡者），海事局需要查验相关船舶证书并可能上船进行港口国安全检查，卫生检疫机关需要查验船员健康状况甚至检测船员体温。载有旅客的船要另外提供进出口旅客名单和旅客携带的需要申报的个人物品清单。

在一些查验部门已经实行电子申报的港口，外勤还必须把计划调度没有填报齐全的电子申报项目填报齐全后方可进行书面补充申报，查验部门往往要求电子申报数据必须与书面补充申报材料和文件完全一致。对出口船舶，海关要求必须申报实装货物数量，而散装货的实际装船数量常常需要等候商品检验机关计算，若未能及时提前办理出口申报核准手续，容易导致船期耽误。

任务二　船舶代理外勤业务

一、就绪通知书

船舶装卸准备就绪通知书（Notice of Readiness）（简称通知书）是船方代表承运人向运输契约签订方或其他协议对方发出的自己已经按照相关协议履行了规定义务的一个书面通知，常常涉及租船合同、买卖合同和滞期速遣协议的执行和费用计算，通常涉及的对象是租方、货方或港方。代理为船方起草通知书或提供通知书格式时，要注意包含以下内容：递交对象、地点、日期、船名、抵达港口的名称日期、检疫通过时间和日期、船舶已经备妥装运/卸下的货物名称及数量、通知书递交的时间和日期、通知书接受的时间和日期、船长签字和接受方名称及签字。通知书应该一式多份（5 至 7 份），一般应交船方和委托方各 2 份，代理必须留 1 份，其余的交给协议对方（如有）。

原则上讲，通知书应该由船方通过代理向协议对方递交，由协议对方签署确认后通过代理交回船方。在国内实践中，船方递交通知书后，代理往往无法转给协议对方（找不到接受方或对方不肯接受签署），船方常要求代理来签署。另外，即使没有协议约束，船方为保护自己，也常常会递交通知书并要求代理签署。在这种情况下，代理签署并不代表接受，只是证明船方试图通过代理递交的事实。另外还有一种容易被船方接受的做法，即不管协议是否存在，船方向代理递交通知书，代理根据实际情况判断，按照当地惯例以代理身份予以接受并签署。具体做法是通知书递交对象必须是代理而不是任何第三方，代理接受时的身份是船舶港口代理（As ship's agent）。这样递接的通知书不会构成侵权，对第三方一般不具有约束力，但能当一份证明使用。

通知书递交和接受时间应尽量保持一致，有约定 LAYCAN 的应在 LAYCAN 日期范围内递接，一般应在当地法定办公日和办公时间内递接。遇到节假日换休放长假，一般以法定及日历节假日为依据，不考虑当地临时换休因素。原则上讲，装货船舶应该在验舱通过后才可以递接通知书，但对于油轮或其他有特殊情况的船舶，验舱只能在靠泊后进行，因此对船舶在锚地等泊时间的计算会产生争议。习惯的通融做法是通知书递接不考虑验舱是否已经通过，只在时间表上注明验舱时间和装货货舱验舱通过时间，在计算时将验舱时间及未通过验舱而影响作业的时间扣除。

二、装卸时间记录

凡递交通知书的船舶或委托方有要求的船舶都应该编制船舶装卸作业时间事实记录（简称时间表）。编制时间表有以下注意要点：文字力求规范、精练、准确、统一；要详细记录雨、雪、雾、台风等气象情况，影响作业的检验（商检验舱、动植检、船检），扫舱、洗舱、平舱、绑扎、货损、船方开关舱，等潮，移泊等时间；记录要按日期顺序逐日填写，时间起止要连贯；为方便计算，记录的时间一般应以 5 分钟为起点数；天气影响的时间记录要有一定依据；要经常与船方及有关方的记录进行核对；船方准备加批的内容影响到责任划分或时间表本身所记载的事实时不能接受加批；签署时要明确地位和身份等。

时间表一般需要编制一式多份（5 至 7 份），船方和委托方各需要 2 份，代理至少留 1 份，其余交给协议的另外一方（如港方）。

三、船员医疗与遣返

提出船员更换申请的一般是船长或原船东，或者是船员配置管理公司（Manning Company），不一定是委托方。船员调动会涉及船员的上船和下船、进境和出境，因此必须充分掌握了解有关的法规。要注意落实或办理入境外籍船员的签证手续，需要事先办理入境签证的应按规定程序申请有关部门向外籍船员发出邀请函，来华船员本人凭邀请函到当地中国使领馆办理签证。对可以办理落地签证的，要事前与当地公安局外事部门沟通落实并通知对方船员抵达后办理落地签证的地点和办法。离船后在当地出境或经由其他城市出境的外籍船员要到边防检查机关和当地公安部门办理必要的离船及过境签证手续。船员上下船前要办理好边防手续和海关申报查验手续，上下船员数量有差异时，要注意符合船舶安全定员标准和最低配员标准。船员变动后，在办理船舶出港手续时必须向口岸查验部门提交新的船员名单。中国籍船员更换后要提醒相关船员到边防检查机关、海关办理海员出入境签证。

安排船员日常就医特别是抢救伤病员，必须争分夺秒地开展抢救工作。需要注意的是：船员或旅客发病后有传染病体征的或船员、旅客死亡，应立即报告当地卫生检疫机构；安排船员就医或抢救时要取得船方书面签字的申请（当时来不及办的要尽快补办）；船员需要做大手术，医院要求家属签字的要尽快联系船东取得家属或船东授权；发生外籍船员死亡事故要及时向上级公司和当地公安部门汇报，一般都必须接受强制的死亡原因法医鉴定；尸体处理方式或运送方式必须取得家属（或船东）的书面同意，还要得到卫生检疫机构的批准；一些国籍的船员死亡还需要与该国驻华使领馆联系。死亡船员的处理还必须注意尊重与该船员国籍、民族相关的风俗习惯。出现预料之外的船员医疗费用或死亡船员处理费用时，应及时估算费用并通报公司主管领导和船舶港口使费主管人员，及时向有关方索要或追加索要港口使费备用金，但原则上不应该影响对船员的救治工作。

四、大副收据、提单和其他单证

货物装船后，由大副签署大副收据后转发货人，发货人凭此找船长或代理公司换取正本提单。大副收据的签署流程有以下两种情况：发货人将货物送交港方时将大副收据一起交给港方（一般是港方仓库理货接收），港方在装船时将大副收据交给外轮理货，外轮理货在货物装船后让大副签收货物，再将大副签收的大副收据交还仓库理货，仓库理货退还发货人，发货人凭此到代理公司换取正本提单。如由船长签发提单，货主将大副收据交代理，外勤凭大副收据让船长签发提单（大副收据带回公司，不交给船长）；散装货物（包括油轮）不需要理货，一般由货主直接派人上船或通过代理找大副签署，签署后送交代理（也有的让外勤带回公司）换取正本提单，如由船长签发提单，则由外勤在开船前让船长签发正本提单（大副收据带回公司，不交给船长）。

大副在货物装船时会对货物外表状况和实际装船数量进行检查和核对，一旦大副认为装船的货物有品质或数量问题（或者担心有问题），往往会在大副收据上加批注。一旦加了批注，原则上正本提单也应加上同样内容的批注，而加了批注的提单就可能成为不清洁提单而将影响货主结汇。因此，货主一般不会同意大副加批，从而产生争议。外勤在代货主让大副签署大副收据时一定要十分小心，事前落实大副是否准备加批和加批的内容，及时通知货主，得到货主确认后方可让大副签署和加批。

签署和加批时，应用水性笔签字并加盖船章。

五、各种检验的安排

外勤应根据船舶装卸货物的种类，及时提醒船长安排各类检验。检验包括：货舱对货物的适合性检验（验舱）、货舱内货物是否已卸尽的检验（油轮干舱检验）、船舶水尺计量、货舱密封性检验（水密检验）、货损检验（验残）、货物品质检验、船舶损坏程度检验、船舶适航性检验、船舶状况检验（交/还船）、船用设备安全性检验（包括临时和定期）、货物重量检验和体积丈量等。由船方提出申请并负担费用的检验应取得船方的书面申请，检验报告或证书要及时送交船方或委托方。

六、压舱水数量规定及排放

对空驶来港的船舶，海事局和引水为保证船舶具备足够的安全操作性能，同时也为防止船舶在进港前在沿海偷排压舱水，要求进港空船至少保有船舶载重吨位1/4数量的压舱水。国际公约和港口法规对压舱水排放都有明确规定，排放前必须分别向卫生检疫机关和海事局申请，批准后才能排放。对有专用分隔压载水舱的船舶，压舱水一般相对来说比较干净，只要压舱水不是来自疫区，往往在取样检验合格后可以准许直接排海。对未获批准的，有的需要消毒处理后才可排海，有的则需要排放到岸上的污水处理设备中去。

七、船舶和货物熏蒸

一些老旧船舶因卫生状况差，鼠虫害严重，卫生检疫机关可能下令对船舶进行熏蒸或除鼠除虫作业。一旦需要对船舶进行熏蒸，往往会发生较高数额的费用，包括熏蒸作业的人工费和药费，船员离船上岸的住宿和伙食费，船员离船、换班和返船的交通（拖轮）费用，安全值班用的监护拖轮费用等，外勤需尽快与委托方或船东联系落实使费备用金。

船舶载运进出口粮食、木材等货物时，有时需要在船舶靠泊前或离港前，对货物在船上进行熏蒸。这类熏蒸一般由货主安排并支付相关费用，在得到船方的同意后，外勤应积极配合货主做好船方工作。

船舶在锚地熏蒸时，为确保港口和船舶安全，海事局一般会要求留一定数量的船员在船值班监护，要配合熏蒸单位对留守值班船员进行安全培训，防止出现人员中毒事故。熏蒸结束后要进行规定时间的散毒，散毒期间禁止人员上下船，此后外勤再上船时仍需保持警惕，注意个人安全。熏蒸结束后应及时将熏蒸证书交给船方或寄送给委托方。

八、船舶吨税申请

船舶吨税是海关代交通部对进出中国港口的国际航行船舶征收的一种税，税款主要用于港口建设维护和海上干线公用航标的建设维护。作为外勤，在第一次登船服务时，必须落实船方是否持有有效的吨税执照。如无，则应让船方立即填写书面吨税申请书，核实确定申办的吨税证书种类（90天/30天），要在单船作业记录本上做记录并在开船提醒事项栏目内做"送交船方新办吨税执照"的提醒。申请应及时送交海关并尽快付税。付税后要及时取回吨税执照，开船前将其送交船方并做好记录。如船方持有有效吨税执照，则应在单船作业记录本上记录其有效期限，如吨税证到期时船舶仍然在港作业，应及时提醒船方申请办理新的吨税执照。

九、物料供应

船舶需要加油、加水的，应该尽量提前落实安排。凡船东或委托方通过与供油商达成协议安排的加油（协议户加油），外勤要负责联系落实加油数量和加油时间。通过代理付款加油时，因加油款金额很大，代理一般都要在收到加油款后才能安排。外勤特别需要注意提醒船方，船舶加油前必须向海事局主管部门提交加油申请，加油前船方必须按规定采取防止跑冒滴漏油的措施。一旦发生溢漏油事故，要立即向海事局报告并采取适当措施来防止或减轻对海域和环境的污染。

十、邮件转运和交付

尽管船方邮件已经越来越少，但外勤仍应给予高度重视。第一次上船和以后每天上船前都需要了解是否有船方邮件需要送船。船方如需要向外寄送邮件，应填写邮寄委托书，注明邮寄方式（快递、挂号或平信），回公司后应及时办理并做好记录，留好相关邮寄收据，便于日后查询。

船方需要从国外空运船用备件来港时，代理应将船用备件空运送船的注意事项等主动通告船方、委托方或有关发送方，以免出现问题或产生不必要的延误。备件交船时，应让船方签收并将送交情况及时通知委托方。

十一、船长借支

船长借支是船舶抵港后，由委托方授权的船长通过代理借取并发放给船员的外币或当地货币现钞。如借支的是当地货币，开船前船员往往会将剩余的当地货币退还给船长，船长再退还给代理，借还差额就是船长实际借支的数额，代理通过船舶港口使费账来与船东结算，船东再按船员个人实际借支额来与船员结算。船东用银行汇款方式让代理从银行提取外币现金转交船长，来向船员发放工资奖金或在船员离船前结清工资奖金，也按照船长借支的方式来处理。

外勤在送交船长借支时，应该准备好一式四份的借据让船长签收。借据应该打上船名、日期、借款数额和货币种类，借款数额必须分别打上大、小写。用英文表示的大写数额要注意核对，不要写错，借据让船长签字后还应加盖船章。签收后的借据给船长 2 份，交本公司财务 1 份凭以与船东结算。另外 1 份借据要留在单船档案中备查。提取和送交大额船长借支时必须注意安全。一是要注意保密，不要让外人或太多人知道，二是提款和送款时要使用专车并派人随行保护。

十二、特殊事故现场处理

由于船方人员疏忽、船方设备或装卸索具有缺陷或潜在缺陷、岸上工人疏忽或操作不当、码头设备有缺陷或潜在缺陷、货物本身缺陷或货主申报不实、人力不可抗拒的自然原因等，船舶在装卸作业过程中有时会出现事故，使船舶本身或所载货物造成损坏，甚至对人员造成伤害。发生事故后船方往往需要外勤到现场协调处理。外勤在协调处理时，应配合公司专司海事处理的人员或独立开展相关工作，详细了解事实经过并争取取得双方对事实经过描述的书面材料，协助双方取证，尽快报告上级领导并通知委托方，建议船方尽快安排损坏检验并采取适当措施防止损害扩大，根据委托方或船方的申请及时通知相关的保险人或其代表机构。

协调处理事故时应站在公正的立场上，尽量了解掌握第一手材料，认真听取双方陈述，不要轻易表态，努力说服双方不要进行情绪化的现场争论，建议双方以提供、搜集证据为主要工作方向，将判定责任的工作留给司法或专业人士去做。如有人员伤亡，应首先安排抢救伤员，发生死亡事故的要及时报告上级领导和相关单位（公安局、海事局、卫生检疫机关、边防检查机关等）。船舶受损影响适航的要及时报告海事局并安排修理，修复后要协助船方安排适航性检验。

十三、无线电话通信

船方与船舶代理之间有时会采用 VHF（甚高频）无线电话联系，一般情况下，外勤将甚高频无线电话频道调至规定呼叫或通话频道后，不要马上呼叫或通话，应注意静听一会儿，在确认没有其他人使用该频道后才可以开始呼叫或通话。船舶使用无线电话通信时常常会使用码语，外勤起码要熟记字母拼读方法。

任务三　船舶离港代理实务

船舶开航后应及时向委托方发送离港开航报（集装箱船另发 Terminal Departure Report，TDR），开航报的内容至少包括：船舶装卸作业完毕时间，实际装货或卸货数量，开航时间，开航时船舶存油、存水数量和前后吃水数，预计抵达下一挂港时间，船舶在港期间发生的各种问题及其解决情况，代理工作的简要总结和对委托代理再次表示感谢等。

船舶开航后应根据委托方的要求及时传送或寄送相关单证和文件。传送可以使用普通传真方式，也可以进行电子扫描后以 E-mail 附件的方式传送。如需要寄送，重要文件应该用可以查询的方式（如快递）寄送，寄出后应该通知委托方寄出单证文件的名称、寄出日期、寄送方式和查询号码。所寄出的重要单证文件无留底的应复印一份存档，以防万一。

船舶开航并不意味着代理工作的结束，除上面提到的开航报告和单证寄送以外，代理在许多业务领域还需要继续为委托方及其客户提供相关服务，例如：货物查询、进口放货、出口签单、海事处理、留医船员的治疗和遣返、档案整理和保管、市场信息的收集和提供等，其中一些主要业务在学习情境六中介绍。

【任务总结】

船舶现场服务是船舶代理业务中十分重要的一环，外勤服务水平的高低将直接影响到船舶来港任务能否得以顺利及时完成，港口使费能否得以控制，船舶能否按时顺利开航。外勤工作职责范围和工作方式各国都不太相同，目前大多数代理已经采用了一条龙包船服务的方式，代理公司在选择委派外勤人员时，根据船长国籍，应尽量配备具有相应外语会话能力的外勤来提供现场服务。

外勤接到包船任务后，应详细掌握了解委托方和船方的服务需求。首先必须了解熟悉船舶性质、来港任务、作业安排计划、委托方和船方已经委托的需要办理的事项等信息，提前联系、落实和安排。对有装卸作业任务的船，还应尽可能详细地掌握货物性能（SF 及特性）、备妥情况（许可证、报关报验、存放地、备妥数量、装船方式等）、接运方式（直取、过驳、装车倒运、落地、进库、浮吊作业、灌包等）、作业安排（开工时间、工班数、移泊计划等）等各方面的情况和信息。对于船舶进港有特殊要求的，如海事局要求船舶到指定位置抛锚，或不准船舶进入某水道或区域，代理应及时与船方进行信息沟通。

外勤现场服务的方式基本上可以分为两种，驻船服务和定时、有事服务。一般对特种船舶和特殊泊位的船可以用驻船服务方式，更多地是采用定时、有事服务方式。外勤服务特别要重视船舶装卸作业相关手续的办理。对来港进行装卸货物作业的船舶，外勤应按照公司规定的工作程序及时办理相关手续。卸货船要及时收集整理并与船方核对补齐卸货单证（进口货物舱单、分舱单、货物积载图、危险品清单、重大件或特种货物清单、提单副本等），由船方提供的货物积载图（船图）应由船方签字，一般还需要翻译成中文并加注船方对卸货作业的相关要求，及时将上述单证分发给装卸和理货公司。装货船要及时将装货清单送交船方并协助船方尽快编制好装货船图，船图要让船方签字，然后将装货清单和船图分发给装卸公司和理货公司按图作业。要协助船方将装货作业的各项具体要求及预计装货完毕的船舶前后吃水标注在船图上，外文编制的船图一般还需要翻译成中文。外勤应提前与船方核实货舱备妥情况，督促船方及时安排验舱（特别是装运需要法定验舱的货物）和宣载（有增减量选择的散货），落实是否需要岸上工人铺垫、隔票或加固，材料是否备妥等。船舶开始装卸作业后要每天与船方和相关单位沟通，了解作业进度和协调解决装卸作业中出现的问题。

【思考与练习】

1. 简述船舶进出口申报的程序。
2. 船舶进出口查验的目的和内容是什么？
3. 如何做好外勤服务？

【实务操作4】 船舶代理外勤操作实务

一、登轮工作准备

按计划调度部门的分配指令，接受对某轮的现场代理工作：

1. 接分配指令后，及时查阅以下内容，了解船舶的委办事项，掌握运输合同的主要条款及其他有关信息。从计划调度部门取得《外勤单船工作记录本》、《国际航行船舶进口岸申请书》以及与委托方、船方有关的来往电文，并仔细检查和阅读相关材料。如对有关内容或委办事项有不清楚的或未落实项，需及时向计划调度或值班调度询问，并作出联系和安排；如委办事项由采购承包方负责，则要与其保持联系，掌握有关动态。

2. 对于卸货船，如委托方或船方等已提供了进口货物单证，则要及时作好复印等准备工作，以防船舶办理进口手续或进行卸货准备时船上单证不足；对装货船（除集装箱班轮外）及时从计划调度处索取货物装船单证，若没有及时送达或送达单证不全或有误，则继续催要或联系。

3. 及时从公司调度室或/和作业区调度室了解、掌握所服务船舶的进港、靠泊、离港和作业具体安排，做到心中有数。

4. 备妥船舶进口、出口所需的表格，并收齐交船舶的信件、邮件和电文等物品，落实/递交边防船员名单和旅客名单。

5. 由于船舶进港靠泊时间或节假日或特殊泊位等原因，如有必要，应事先、主动与口岸检查单位约定办理进口手续的时间和方式。

二、办理进口手续

如船舶在锚地办理进口手续，应事先或去锚地上船途中通过移动电话或其高频电话通知船方预计登轮时间及作有关事项准备。首次登轮后，应向船长问好，并向船长介绍已登轮检查单位官员和港口习惯做法或向船长发《船长通知书》，简单介绍本港有关规定，引起船长的注意和重视。

1. 及时向船长核实和索要以下信息，不限于此，并作记录。

（1）船舶抵港时间和抵港吃水；

（2）引水登轮时间和起锚进港时间；

（3）靠泊时间；

（4）抵港存油、水数量；

（5）有关船舶规范，含吊杆负荷；

（6）船舶和船员有关证书的有效情况；

（7）船方委办事项；

（8）货名、数量、重量；

（9）特殊货物的装载位置及装卸要求；

（10）其他内容。

2. 索要或协助船方填报足够份数的下列单据和证件（不限于此），以便及时代船方向登轮检查单位或/和登岸向有关检查单位办理船舶进口手续。向口岸检查单位报验的方法和提供单据份数，应符合当地有关主管机关的文件规定。

（1）总申报单；

（2）货物申报单；

（3）船舶物品申报单；

（4）船员物品申报单；

（5）船员名单；

（6）旅客名单；

（7）航海健康申报书（检验检疫局已办除外）；

（8）船舶概况报告单；

（9）进口货物舱单（含集装箱）；

（10）集装箱清单；

（11）进口载货清单；

（12）进口无货舱单；

（13）本港卸货舱单；

（14）登陆申请；

（15）监护申请；

（16）上港关封、边封（上港来自国内港口的外轮）

（17）海关监管簿（国轮）；

（18）护照或海员证；

（19）入/出境集装箱卫检申报单（报空箱）；

（20）上港出港证；

（21）P. S. C. 报告；

（22）最低安全配员证或其复印件；

（23）港监批准的《国际航行船舶进口岸申请书》；

（24）船舶吨税证书（可用复印件）或申请书。

3. 船舶进口手续办妥后，记录办妥时间，并立即通知船方和作业区及有关方可以上下人员进行作业安排。在办妥进口手续后，需在半小时内向公司调度室汇报有关内容和现场有关动态。

4. 及时告诉船方开装卸时间、工班安排情况和预计装/卸完货时间。

5. 及时转交船长有关信件、邮件、电文，及时通知移泊、调头和开航计划等，并作好交接记录；对船方提出的委办事项及时进行联系、落实，对事先已安排的委办事项，要及时向船方汇报安排进度和处理结果。

三、卸货船

如船上载有指运其他港口的货物，应及时向海关如实申报。如船舶载有危险品货物进口或/和指运其他港口，应将海事局批准的《船舶载运危险货物申报单》转交船长备查；同时向海事局提交书面监卸申请。

1. 在卸货前，如船长/委托方坚持要求凭正本提单卸货时，则将货主提供的正本提单或背书完好的正本提单递交给船长，并取得收据或退回后的签认；如正本提单提交有困难，应立即通过计划调度与委托方、货方取得联系，以提供保函或银行担保等其他途径加以解决。

2. 从船上取得进口货物单证后，应对提单号、货、箱数量等进行核对，确认无误后，及时将有关单证送交海关、作业区或/和外理等单位，如实际情况需要，可由船长/大副转交作业区或/和外理作业等单位。如单证有误，应立即与船方核实，得到船方确认后方可更改。

3. 船方卸货前或卸货过程中，如提出拆固、扫舱等特殊作业申请时，应及时以书面形式通知作业区安排，并及时告知计划调度。集装箱进口单证，应在船舶办理进口手续 24 小时内转交船代部进口科，如有船方托带信件或单证转交当地收货人，及时带回公司交船代部进口科办理。

4. 卸货作业前，除告诉船方具体作业安排等情况外，还应提醒船长、大副在卸货过程中，加强与作业区的配合。同时把船上的有关情况简单介绍给作业区或/和外理，以便共同做好卸货工作，缩短船舶在港停留时间。

5. 如发现溢、短卸情况，及时向外理（件杂货、集装箱）索取溢、短卸报告，或向检验单位（大宗散货）或货主要求提供公估计量证书的副本，并立即与船方联系，查阅装货港有关单证以备用；如溢、短卸数量大或船方与外理、检验单位有纠纷，应及时通过计划调度向委托方汇报。

四、装货船

对于大宗散杂货船舶，外勤根据货主托运单（托运单需留底）预制散杂货装货单，并及时送交船上大副予以配载，并分送作业区或/和外理，集装箱预配单证由船代部出口科自行送达作业区集装箱配载中心和外理予以配载，散杂货装船后，根据提单数制作载货清单送交船长或大副，并做好确认、签收记录。

将船方准备的配载图及时送达作业区或/和外理，图上要有船方签章，并注明装货总数和装妥后的估计吃水，在备注栏中应注明积载和安全操作的注意事项等；班轮，港方集装箱配载中心配妥后及时送达船方确认，必要时还需经班轮公司预配中心书面确认。

1. 按委托方指示及时向船方索取规定使用的空白提单交货主/货代使用；如船上没有，又无委托方/船方特别要求和指示，则经船长同意，使用无抬头提单格式，并请船长填写书面申请或委托书。

2. 如委托方或船长要求代理公司代签提单，则由船长填写签发提单授权委托书，装完货后连同大副收据（复印件）及时交计划调度作为签发提单的依据；如船长签单，则取回提单副本一份留底，集装箱船提单由代理公司船代部签发。

3. 集装箱船舶如需翻箱/倒箱，应及时由船方填写《翻箱/倒箱确认书》交作业区，才能进行翻箱/倒箱作业，并做好记录。其他船舶的配载或装货过程中，如需舱内铺垫、加固、隔票、绑扎等工作和费用由船方负担时，则应立即与计划调度联系，征得同意后才能安排。

4. 如船舶有压舱水排放，必须及时向海事局、检验检疫局提出书面申请，征得它们化验通过、批准同意后方可开始排放；油轮压舱水排岸要事先征得岸罐设施单位的同意后方可排放。装载粮食船舶如需熏蒸的，应向海事局、检验检疫局办理熏蒸申请，批准后方可办理。

5. 如船舶装载危险品货物出口，应将海事局批准的《船舶载运危险货物申报单》及时送交船上。如海事局派员登轮监装，则要求船长提交书面监装申请，并提交给现场海事局派员。

五、装卸备妥通知书（以下简称通知书）

首次登轮时，如条件成熟，则可与船方签署接受通知书；通知书应按委托方的要求及其提供的有关合同来递接、签署。通常情况下，委托代理可以如下三种方式办理递接手续：

(1) 代表港方与船方办理递接手续（凡与港方签订滞期速遣协议的船舶）；

(2) 代表买或卖方与船方办理递接手续（买或卖方委托）；

(3) 代表租船人与船方办理递接手续（租方委托）。

通知书的递接一般需符合下列条件：

(1) 船舶必须抵达合约规定的港口或泊位；

(2) 船舶进口检查已通过；

(3) 船舶已在各方面具备开始装卸货物的条件；

(4) 在合同规定的时间内。

如上述条件均已满足，有明确的委托方，可代表委托方接受通知书。如委托方未要求办理通知书的递接，船方却坚持要代理签署时，则可参照上述所列条件，以只作为船舶港口代理人身份（AS AGENT ONLY）或加注 AS RECEIVED UN-ACKNOWLEDGED ONLY 或 AS PER RELAVENT AGREEMENT 等名义予以签署接受。如递接条件不符合或船方有明显欺骗行为，则拒绝以代理身份签署，并及时向船务部领导汇报。

通知书签署时请加盖船章，签妥后交船长两份，留底两份，其中一份交计划调度寄送委托方。

六、装卸时间事实记录（以下简称时间表）

根据委托方的有关要求、合同条款和船舶在港发生的事实，缮制时间表。时间表的记录包括以下几项内容（但不限于此），时间记录必须是连续的。

1. 船舶抵港时间；

2. 船舶通过检疫时间；

3. 船舶移泊、靠泊时间；

4. 船舶办妥进口手续时间；

5. 通知书的递交和接受时间；

6. 船舶开始装卸及装卸进行时间；

7. 非作业停工时间及其原因；

8. 坏天气记录。

及时与船方、作业区核对时间、事实发生情况和有关原因，并做记录。装卸作业完毕后，经核对无误，即与船长共同签署时间表，并盖船章，两份交船长，两份留底，其中一份交计划调度连同通知书邮寄给委托方，如需传真给委托方，则立即办理。

七、各类证书和有关检验项目申请

接受委托方或船长的书面申请，办理船舶有关证书或安排有关项目的检验，包括以下内容（但不限于此）：

1. 船舶各类适航证书；

2. 船舶吨税证书；

3. 除鼠/免予除鼠证书；

4. 卫生证书；

5. 水尺公估及其他计量证书；

6. 各类船体设备检验；

7. 各类货物及其损坏检验；

8. 各类货舱封舱、干舱检验等。

将船方书面申请及时送交有关检验单位或上船检验员。及时与他们联系，询问项目的进展、出证等情况。费用大的项目，要及时与计划调度联系。将收到/取回的有关证书或报告及时交船长，做好签收，如合适取回副本留底，以便发送委托方；检验单位送证上船的，则取回副本。

八、委办事项

1. 船舶供应

收到委托方/船方关于伙食、淡水、燃料、物料及其他物品供应的书面申请后，即以电话或书面形式通知有关分承包方，并说明供应要求。船方申请需以不同方式留底。费用大的供应，待分承包方报价后，即与计划调度联系，征得他们同意后方可安排。安排后，要提醒分承包方注意船期变化，以免耽误供应。供应完毕后，要做好记录（淡水供应的分承包方服务记录由值班调度负责）。

2. 船舶修理

接到委托方/船长关于要求在港进行船舶修理的书面申请后，即以电话或书面形式通知分承包方进行项目检验和修理费用预测，然后通过计划调度通知委托方，得到确认或否认后，联系分承包方实施修理或取消安排。船方的申请以不同方式留底。

"明火作业"、"修理主机"、"修理锚机、舵机"需经海事局批准后方能进行。书面申请需明确以下几点（但不限于此）：明火作业范围，安全措施、检修主机、舵机、锚机起始时间，恢复主机、舵机、锚机所需时间。大部分情况下，向海事局申请"明火作业"由修理执行者分承包方办理，所以双方要及时联系，并将海事局对上述项目的批复及时通知委托方、分承包方和船长。

上述修理主机、舵机等影响船舶动力和操作的项目和项目预计修理时间也应同时通过公司调度室报给港务局调度，以免影响船舶在港计划的安排。

除专门来港修理的船舶外，在锚地修理主机、舵机、锚机或油轮、装有液化气等危险品的船舶要在港进行明火作业，均需海事局特批。修理完毕后，要做好记录。

3. 船员接班、遣返和就医

（1）按委托方/船公司/船长的有关船员接班信息作安排，或将信息传递给分承包方承办此项工作。信息应包括船员姓名、国籍、职务，船员抵达港口的时间和交通工具等有关内容以及有关证件的复印件等。

（2）接委托方/船公司/船长关于船员遣返的书面通知，及时索要以下内容，或将下列内容提供给分承包方，包括船员名单，船员姓名、职务，海员证、护照、遣返地区、国家、遣返日期，机票订购要求和其他要求。向船长或分承包方提供有关遣返用表格，要求及时、正确填妥。

（3）根据船方书面委托，安排船员前往医院。就医结束后，将医生诊断证明交船方。特殊病情在征得船长/委托方同意后进行医治。此项工作视情况也可由分承包方承办。

上述委办事项均应及时向船方汇报办理情况和安排结果；如费用大的，应由计划调度确认。办理完毕，应做记录。

（4）备件传递

接到委托方/船公司的书面通知后，及时将有关资料和要求传递给分承包方予以办理。办理完毕后，应做记录。

（5）船长借支

接到委托方的书面确认后，明确金额和币种，及时安排借支。转交船方时应当面点清，并取得船长签字盖章收据一式五份，两份交船长，三份取回，留底一份，交结算人员两份。

（6）船方委托的诸如吊缸、船体油漆、原油洗舱、明火作业、外籍船员办理住宿、打预防针等，需向有关方申请办理。

九、期租船的交船与还船

在委托办理交还船手续时，应从有关电文上了解租船人、船东全称，交/还船时间和地点，存油水量/船舶状况的检验要求等内容。然后根据上述信息，按船舶抵港靠泊和完货时间，通过计划调度通知分承包方具体项目的检验时间，及时获取检验数据并做记录。若委托方要求做交还船证书，则根据有关检验报告缮制证书，并与船长一起代表双方予以签署。签妥后，交计划调度，以便根据要求连同检验报告邮寄或传真给委托方或有关方，自留副本一套。

十、海损事故及海事声明签证

1. 海难救助

接到代理船舶救助信息后，立即向公司调度室和办事处主任汇报。在调度室和海事处专职人员的指挥下，负责协助船长处理现场的以下工作（但不限于此）：

（1）施救工作的协调、联系；

（2）救助协议的签订，委托事项的落实；

（3）海事报告、海损报告的准备和递交。

把签证好的有关报告交还船长，留底一份。

2. 海损事故处理

在专职人员的指挥下，落实海损处理的委托事项和负责现场的处理工作。协助船长向海事局及时递交海损报告或海事声明，准备其他文件、声明，若有委托向分承包方申请船舶和货物的检验。及时把委托方、保险公司的处理意见和结果汇报给船长。把有关签证的文件和检验报告及时交还船长，并作留底。

3. 海事声明

收到船长递交的海事声明以及所附航海、轮机日志一式若干份（一般至少一式四份）后，及时按规定转交海事局签证。海事声明签妥后，正本和若干份副本即交还船长并留底一份。

十一、台风和其他恶劣天气的处理

听从调度室或抗台领导小组的指挥，及时准确地转达船方有关应急离靠泊、移泊计划和信息（含递交船方《台风警报》）。必要时参加现场值班工作。及时提醒船长注意安全和加强值班。向调度室或抗台领导小组及时反馈船方加强安全防范措施的有关情况和提出的具体要求。

十二、船舶开航手续

1. 开航准备

事先了解开航船舶的以下内容（但不限于此）：

（1）是否装/卸完货；（2）人员是否有变动；（3）委办事项是否已办妥；（4）所有船舶证书是否齐备有效。

出口装货完毕，则与船方进行单证核对、交接，如有不符，即行更改，如有出口单证转交下港代理，委托船长转交，留存有关单证做好交接记录。船员有变动，应重新准备船员名单给口岸检查单位。签妥委办事项的委托书、费用单和车单等。如开航前还有费用未落实的，应立即通知计划调度，由他们决定是否办理出口手续。

2. 办理出口手续

协助船长填妥或索取办理出口手续的有关单证和表格，内容和办理方式同进口手续。

若外轮下一个港口仍是国内港口，则无须填报《出境健康申报单》，但要向海关、边防检查机关办理关封和边封带至下个港口的主管部门，登陆证可延用；国轮出境需向边防检查机关填报《航行国际航线船舶出境自查报告表》；国轮开国内港口，需持《船舶签证本》向海事局办签证，向海关签办《船舶监管本》。如国轮已向海关办理国际航线转国内航线的则无须办理《船舶监管本》。

将办理的有关出境文件连同海事局签发的出港证一并交船长并做好签收，离船前询问船长是否有信件、电文等转发。

十三、离港后工作

1. 船舶开航后一小时内向调度室报送船舶离港资料，内容包括以下几项：

（1）进/出口货物货名、数量和重量；（2）装/卸始毕时间；（3）离港吃水、存油、水量；（4）离港开航时间；（5）预抵下港时间。

2. 按委托方或船方要求，及时向委托方传真货物单证或/和时间表、通知书和船方电文等；及时邮寄船方信件。

3. 对《外勤单船工作记录本》、《船员名单》、《货物单证和文件》、《单船计划和电文》等进行整理后建立船舶档案。船舶档案袋编号与调度室船舶月度流水编号一致，船舶档案袋应在船舶开航后两周内交调度室统计员，保存两年。

4. 根据船舶在港情况，制作《船舶使费通知单》，开航后三天内连同委托书等交船舶使费结算人员。

5. 根据货物装船情况，填妥《出口单证交接单》，并以最快速度交予船代部出口科。

6. 按时向海关递交正确的纸面出口舱单数据。

7. 负责转递船代部向海关更改进出口舱单的申请，将有关办理情况做好记录。

8. 负责办理船舶及装卸货物有关的其他事项。

十四、电文处理和工作质量记录

1. 对于经手的电文（电传和传真）都要作处理标志，标志包括处理意见、签名和处理时间。

2. 工作质量记录。外勤工作质量记录主要体现为单证、文件交接记录，现场业务处理记录，船舶档案记录和分承包方服务记录。其中前3项都归档在船舶档案记录中，第4项每年汇总后交船务部值班调度/统计员，并做好签收。

交接记录和档案记录表格中有空格存在，表示无内容填写，则用"/"或"空白"章标志来表示；档案内容有索引，需要一一对号。现场业务处理记录按时间和业务内容要有阶段性的签名。如果一船两人以上做时，要有交接记录。空格或空白处要用相关标志表示。

【活动设计3】船舶在港期间代理——外勤实务（一）

一、实训目的
通过实训，掌握总申报单的缮制。

二、实训设备
计算机及相应船舶代理软件。

三、实训素材
接［活动设计1］、［活动设计2］。

2009年5月24日0930收到YOKOHAMA港代理发来的下列资料：

（一）STOWAGE PLAN of M/V A

×× Shipping Co.,Ltd

DESTINATION	No.1	No.2	No.3	No.4	No.5	TOTAL
SHANGHAI	120t	170t		1100t	680t	2070t
ANTWERP	390t	1090t	200t	825t		2505t
ROTTERDAM	450t	400t	850t	550t	650t	2900t
HAMBURG	690t	550t	600t	600t	800t	3240t
OPTIONAL CARGO			600t			600t
TOTAL	1650t	2210t	3075t	3075t	2130t	11315t

STPWAGE　PLAN

Vessel:　　　　　　　　　A

VOYAGE:FROM　YOKOHAMA　TO　Hamburg

DATE:SAILED　2009-05-25　ARRIVED

DRAFT:F7.94m　A8.39m　M8.17m

HATCHES	L.HDS	L.TDS	U.TDS	TOTAL
No.1	840t	810t		165t
No.2	1360t	850t		2210t
No.3	1450t	800t		2250t
No.4	1975t	1100t		3075t
No.5	1350t	780t		2130t
TOTAL	6975t	4340t		11315t

（二）Crew List of Seven Star

×××　××××，Master，United Kingdom，1962-04-21，England

×××　××××，Chief officer，United Kingdom，1968-03-31，England

×××　××××，Second officer，United Kingdom，1965-08-09，England

×××　××××，Third officer，United Kingdom，1984-12-20，England

×××　××××，AB，United Kingdom，1964-02-12，England

×××　××××，AB，United Kingdom，1963-10-03，England

×××　××××，AB，United Kingdom，1966-12-10，England

×××　××××，Chief engineer，United Kingdom，1976-01-24，England

×××　××××，Second engineer，United Kingdom，1974-09-21，England

×××　××××，Third engineer，United Kingdom，1975-11-13，England

×××　××××，Fourth engineer，United Kingdom，1976-08-15，England

×××　××××，Motorman，United Kingdom，1965-07-19，England

×××　××××，Motorman，United Kingdom，1968-02-27，England

×××　××××，Motorman，United Kingdom，1966-03-12，England

××× ××××, Chief cook, United Kingdom, 1971-09-10, England

2009 年 5 月 24 日 1000 收到由×× Shipping Co., Ltd 转发的下列资料:

（一）SHIP'S PARTICULARS of M/V A

L. O. A：98. 76 m   BRADTH MOULDED：25. 90 m

DEPTH MOULDED：12. 40m   MAX. HEIGHT FROM KEEL：26. 74m

CALL SIGn：PHKY   M/E HORSE POWER：5482HP

TYPE：CARGO SHIP   WHEN BUILD：1994-06

SUMMEMR MEAN LADEN DRAFT：9. 02m

FRESH WATER ALLOWANCE：50mm

TPC：35t/cm   DWT：14000t

（二）SHIP'S CERTIFICATES of M/V A

TITLE OF CERTIFICATE	DATE ISSUED	DATE VALID	DATE OF LASTANNUAL SURVEY
NATIONALITY （REGISTRY）	1994-10-2	2011-10-2	2008-10-2
TONNAGE	1994-10-5	2011-10-2	2008-10-2
LOAD LINE	1994-10-5	2011-10-2	2008-10-2
I. O. P. P	1994-10-7	2011-10-2	2008-10-2
SHIPBOARD OIL POLLUTION EMERGENCY PLAN	1994-10-10	2011-10-2	2008-10-2
SAFETY CONSTRUCTION	1994-10-4	2011-10-2	2008-10-2
RADIO TELEGRAPH （TELEPHONE）	1994-10-8	2011-10-2	2008-10-2
SAFETY EQUIPMENT	1994-10-4	2011-10-2	2008-10-2
NAVIGATION SAFETY	1994-10-10	2011-10-2	2008-10-2
MINIMUM SAFETY MANNING	1994-10-10	2011-10-2	2008-10-2
C. L. C	1994-10-10	2011-10-2	2008-10-2
Life saving appliances * provided for a total number of 32 persons			

（三）AFETY INSPECTION of M/V SEVEN STAR

Whether holding the Report on Inspection of P. S. C	Yes/No	Date/place of Whether there is any item Last inspection _____ to be reinspected in this port	Yes/No

Whether holding the Report on Inspection of P. S. C at YOKOHAMA, Japan on 2009-6-19.

2009 年 5 月 24 日 1200，又收到由××Shipping Co.，Ltd 转发的下列资料：

（一）SHIP'S STORES DECLARATION of M/V A

Name of article	Quantity	Place of storage
f. o	393t	No. 5 oil bunker ; No. 6 oil bunker;
d. o	874t	No. 1 oil bunker ; No. 2 oil bunker; No. 3 oil bunker No. 4 oil bunker
food	2. 3t	reefer chamber
porter	125 boxes	reefer chamber
cigarette	60 bags	Master's room

（二）CREW'S EFFECTS DECLARATION of M/V A

Family name, given names	Rank or rating	Effects which are dutiable or subject to prohibitions or restrictions
×××××	Master	Porter　62 boxes
×××××	Chief officer	Porter　50 boxes
×××××	Second officer	Porter　50 boxes
×××××	Third officer	Porter　50 boxes
×××××	AB	Cigarette 20 bags
×××××	AB	Cigarette 20 bags
×××××	AB	Cigarette 20 bags
×××××	Chief engineer	
×××××	Second engineer	Porter　50 boxes
×××××	Third engineer	Porter　50 boxes

Family name, given names	Rank or rating	Effects which are dutiable or subject to prohibitions or restrictions
×× ××××	Fourth engineer	Porter 50 boxes
×× ××××	Motorman	Cigarette 20 bags
×× ××××	Motorman	Cigarette 20 bags
×× ××××	Motorman	Cigarette 20 bags
×× ××××	Chief cook	Porter 50 boxes, Cigarette 30 bags

（三）Tonnage Dues Certificate valid for 30 days.

四、实训要求

按上述资料预先制作总申报单。

【活动设计 4】船舶在港期间代理——外勤实务（二）

一、实训目的

1. 通过实训，学会撰写抵港函电；

2. 通过实训，掌握《船舶进境（港）申报单》的缮制；

3. 通过实训，掌握装卸事实记录。

二、实训设备

计算机及相应船舶代理软件。

三、实训素材

接［活动设计 1］、［活动设计 2］、［活动设计 3］。

A 轮于 2009 年 5 月 26 日 1730 抵宁波港锚地抛锚，经与船长联系，收集到如下信息：A 轮于 1732 在甬江口抛锚，锚位（29°57.′9N，121°46.′0E），首吃水 7.6m，尾吃水 8.4m，燃油 390t，柴油 872t，淡水 604t，压载水 320t。

1800 与港口调度联系，答复 A 轮在 5 月 28 日 1045 靠北仑港区杂货码头 7 号泊位。1810 与检疫机关联系答复于 5 月 27 日 0800 上 A 轮进行船舶检疫。1815 与引水联系，答复 5 月 28 日 0920 由拖 3 号引航，引航员为张某，1825 联系海关，海关答复与卫生检疫机关一起对 A 轮进行联检，检验官为施某。

5 月 27 日 0800 你陪同检疫官林某和检验官施某乘坐交通艇"北交 1 号"前往 A 轮，0840 抵锚地上 A 轮进行船舶检疫。林检疫官认真听取了船长的汇报，核对了船舶卫生证书、除鼠证书，并开舱检查了货舱，要求船员如实填写《入境健康检疫申明卡》，经检疫，林检疫官认为 A 轮可通过检疫。施检验官核对了船员名单、船用物品，并对货舱进行了抽样检查，认为 A 轮可通过海关检验，同意进境。

1035 A 轮船长请你向港方转交《装卸准备就绪通知书》。

1040 你陪同林检疫官和施检验官离开 A 轮。

1130 你向港方转交了《装卸准备就绪通知书》。

1150 你向××理货公司提出理货申请，要求其 5 月 28 日 1045 派员到北仑港区杂货码头 7 号泊位为 A 轮理货，并递交了载货清单和 A 轮积载图。

××理货公司答应在 5 月 28 日 1030 派员到北仑港区杂货码头 7 号泊位为 A 轮理货，理货长为郑某。

四、实训要求

1. 请你编制抵港电发送给×× Shipping Co.，Ltd。

2. 请你根据上述资料制作《船舶进境（港）申报单》。

3. 请你将上述情况记入装卸事实记录。

【活动设计 5】 船舶在港期间代理——外勤实务（三）

一、实训目的

1. 通过实训，学会撰写靠泊报告及船舶动态报告函电；

2. 通过实训，掌握装卸事实记录。

二、实训设备

计算机及相应船舶代理软件。

三、实训素材

接［活动设计 1］、［活动设计 2］、［活动设计 3］、［活动设计 4］。

5 月 28 日 0830 A 轮备车等候引航员上船。

0920 引航员张某乘"拖 3"抵 A 轮。

0925 A 轮起锚。

1150 A 轮到达北仑港区杂货码头 7 号泊位。

1225 A 轮靠妥泊位。

1400 码头装卸公司人员会同理货到船。

1430 开始卸货。

1600 装卸工人换班，第一舱卸生牛皮 600 件，第二舱卸硝酸钠 400 件，第四舱卸烤烟 520 件，第五舱卸棉织品 330 件。

2200 装卸工人和理货员下班，第一舱卸生牛皮 1 200 件，第二舱卸硝酸钠 800 件，第四舱卸烤烟 1 480 件，第五舱卸棉织品 1 000 件。

5 月 29 日 0800 装卸工人和理货员上班，开始卸货。

1200 装卸工人换班，第二舱卸五金 250 件，闹钟 40 件，易碎品 500 件，第四舱卸玻璃 2 000 件，第五舱卸纤维板 600 件。

1400 你向海关和卫生检疫机关申报了出口，1430 卫生检疫机关到港口码头对木板和橡胶进行了检疫，认为符合出口要求，1500 海关到码头对木板和橡胶进行了检查，认为可以出口。

1600 装卸工人换班，第一舱装木板 120 吨，第二舱卸卫生纸 740 件，第四舱卸玻璃 3 000 件，第五舱卸纤维板 800 件。

2200 装卸工人下班，第一舱装木板 120 吨，第二舱装橡胶 300 吨，第四舱卸玻璃 1 000 件，圆钢 600 件，第五舱卸纤维板 100 件，扁钢 262 件，豆柏（发渣子）320 件，地砖 800 件。

5 月 29 日 0800 装卸工人和理货员上班，开始卸货。

0900 你根据装卸进度，估计船舶装卸完毕时间为下午 1300 左右，经与港口当局联系，A 轮的出口时间安排在 5 月 29 日 1800，你向海关、边防检查机关、卫生检疫机关、动植物检疫机关、海事局递交了《船舶出口岸手续联系单》、《船舶出境（港）申报单》。1030 你与引水联系，答复 1750 引航员上船，引航员为张某，拖轮为"拖 3"。

1200 装卸工人换班，第二舱装橡胶 395 吨，第四舱装橡胶 500 吨，第五舱卸地砖 400 件，装橡胶 300 吨。

1310 装货完毕，第五舱装橡胶 300 吨。

1400 理货长出具了理货证明。

1500 你联系了海关、边防检查机关、卫生检疫机关、动植物检疫机关、海事局，1520 海关会同边防检查机关、卫生检疫机关、动植物检疫机关、海事局上船进行了检查，一切正常。

1540 关舱。

四、实训要求

1. 请你发靠泊电给××Shipping Co.，Ltd。

2. 请你每天发船舶动态电给××Shipping Co.，Ltd。

3. 请你将上述情况记入装卸事实记录。

【活动设计 6】船舶离港代理实务

一、实训目的

1. 通过实训，掌握《船舶出口岸手续联系单》、《船舶出境（港）申报单》的缮制；

2. 通过实训，学会撰写离泊报告及船舶动态报告函电。

二、实训设备

计算机及相应船舶代理软件。

三、实训素材

接［活动设计 1］、［活动设计 2］、［活动设计 3］、［活动设计 4］、［活动设计 5]。

1720 A 轮备车。

1750 引水上船。

1800 离泊。

1840 A 轮抵甬江口，引水离船。

四、实训要求

1. 请你制作《船舶出口岸手续联系单》、《船舶出境（港）申报单》。

2. 请你将上述情况记入装卸事实记录。

3. 请你发离港电给××Shipping Co.，Ltd。

4. 请你发船舶动态电给××Shipping Co.，Ltd。

学习情境六 | 相关国际船舶代理实务

☞ **学习目标**

终极目标：学会正确处理相关船舶代理业务。

促成目标：

(1) 了解海事文书相关知识；

(2) 熟悉进口单证的整理核对；

(3) 能正确处理海事签证、海事声明、海事事故及共同海损等事宜，能按有关规定正确处理进口放货业务，能进行货物的查询、理赔和客票处理工作。

☞ **知识介绍**

在实务中，国际船舶代理还会碰到其他相关的日常事务，如海事签证、海事事故处理、进口放货业务处理以及货物查询、理赔和客票处理等。

海事签证是指签证机关应船方申请，对其提交的有关水上交通事故文书的内容进行初步核查，签注"准予备查"以证明船方确向签证机关申报过有关海事的公正性行为。海事签证的范围包括：海事声明和延伸海事声明、海事报告和与船舶有关的其他海事文书。

在国际船舶运输和货物装卸过程中货物保管出现差错是很难避免的，甚至代理公司在代理一般的货船时也有可能遇到临时搭客的情况。因此，货物查询、理赔业务和对客票的处理也成了船舶代理的一项日常业务工作，主要港口的代理公司都会指定专人负责上述业务。

任务一　海事签证和海事事故处理

一、海事签证

我国船舶海事签证的主管机关是海事局，各地海事局是海事签证的承办机关。船籍国驻当地领事机构也可以接受海事签证申请，为该国国籍的船舶办理海事签证。

海事声明是指船长就船舶遭遇恶劣天气或意外事故引起或可能引起的船舶、货物损害或灭失情况，在船舶抵港后递交的声明。延伸海事声明是指海事声明提出后，在合理时间内递交的更为具体、详细的补充声明。海事报告是指船舶发生事故后，向签证机关递交并要求办理签证的书面报告。

中华人民共和国海事局规定船舶申请海事签证，应遵守下列要求：

1. 海事声明应在船舶抵第一到达港 24 小时内递交当地签证机关，在港停留时间不足 24 小时的，应在船舶抵港后立即递交当地签证机关。

2. 船舶抵港前已发生或可能引起船舶或货物受到损害的，必须在开舱卸货前，将申报文书递交给签证机关或先行将其内容用电报、电传等形式通知签证机关。

3. 申报文书一式不得少于三份（其中一份为正本，其余为副本，并分别加盖正、副本章）。

4. 申报《船舶海事签证办法》第四条所列文书时，应同时附送有关的船舶法定文件摘录或其影印件，如航海日志、轮机日志、车钟记录、海图等。

5. 申报文书必须使用中文或英文。

6. 船长必须在其所申报文书和附件上签字和加盖船章，并应有不少于两个见证人的签字。

申报文书及有关资料的内容必须真实，申报文书的主要内容如下：

1. 船舶名称、国籍、船籍港、船舶登记号、所有人和经营人名称。

2. 船舶的主要技术资料、出发港和目的港、客货情况。

3. 申报事项的时间、地点、气象、海况、所采取的措施及损害等情况。

签证机关在收到船舶的签证申报后，应进行核查，对违反国家法律和法规、或不符合申报要求、或未按规定填写、或内容不齐全等情况，可责令其改正，或拒绝签证。签证机关对当事船舶的申报文书，除拒签的以外，应给予加盖"准予备查"、"海事签证章"、"骑缝章"和签证人签名的签证；必要时根据不同情况给予相应内容的批注。批注的文字应使用中文，必要时可附英文译文。签证要按规定收费，此外，因海事签证所产生的其他费用要由船方实报实销。

二、海损事故处理

海损事故主要包括：触礁、触岸或搁浅；碰撞或浪损；失火或爆炸；影响船舶适航性的机件或重要属具的损坏或灭失；遭遇自然灾害；造成水上或水下建筑物或者设备的损害；沉没或失踪；船舶设备不良或船方过失造成人员伤亡及其他事故等。

船舶在我国港口和沿海水域造成人命、财产损害事故或船员死亡事故时，应尽快用电报或无线电话向海事局提出扼要报告。在港外发生的海损事故，船长应在船舶进入中国第一港口48小时内，向海事局递交海损事故报告书，在港内发生的海损事故，船长应在24小时内向海事局递交海损事故报告书，接受海事局的调查处理。船舶在港内因船方或港方人员过失，造成对方损害或伤亡事故等，应保留现场，双方都应及时向海事局报告并接受调查处理。如果将船舶比做车辆，则海事局就相当于交警大队。因此，船舶发生海损事故，必须报告海事局并接受其调查和处理。书面报告内容应包括：事故发生时间、地点、原因、损害范围和现场船员证明（一般需两至三人证明），报告书还应附上相关材料，如航海日志、机舱日志摘要；相关设备运转记录；原始海图；受损部位简图和检验报告等。

船舶发生海损事故往往会涉及人员生命和财产的抢救，需要代理快速反应，协助船方向有关部门报告并进行紧急救助的联系和安排。接到海损事故报告的人员必须迅速报告公司主管领导并立即按照工作程序联系有关部门开展救助工作。

代理应指定专人来负责海损事故处理，应预先制定完善的工作程序，包含海难救助、委托处理、保全措施、检验和修理、共同海损处理等工作程序。外勤应给予紧密配合，为船方提供协助并向委托方及时提供信息，按照委托方的要求开展相关工作。

三、共同海损处理

1. 共同海损的定义

共同海损（General Average）是指在同一海上航程中，船舶、货物和其他财产遭受共同危险，为了共同安全，有意地合理地采取措施所直接造成的特殊牺牲和支付的特殊费用，由所有受益方来分摊的一种法律制度。

所采取的共同海损措施称共同海损行为。这种行为，例如引海水入舱、将承运的货物抛入大海、自动搁浅等，在正常航行中都不得进行；但在船舶遇难时，为灭火而引海水入舱、为减轻船舶负荷而将全部或部分货物抛入大海或为进行船舶紧急修理而自动搁浅，等等，则均属合法。

共同海损的成立需具备以下条件，包括：

（1）船舶在航行中即将受到危险或已遭遇海难，情况急迫，船长为维护船货安全而必须采取措施。

（2）海难与危险必须是真实的而不是推测的。

（3）共同海损行为一定是人为的、故意的。

（4）损失和开支必须是特殊的。例如船舶顶强风开船，机器因超过负荷受损，不属于共同海损；而若船已搁浅，为脱浅而使机器超过负荷受损，则属于共同海损。

（5）所采取的共同海损行为必须合理。

（6）为了共同的而不是船方或某一货主货物单独的安全。

（7）属于共同海损后果直接造成的损失。例如引海水灭火，凡有烧痕等的货物再被海水浸坏不算共同海损，原来完好而被海水浸坏的货物的损失应计入共同海损。

（8）共同海损行为原则上应由船长指挥，但在意外情况下，例如船长病重、被俘，由其他人甚至敌国船长指挥，符合上述 7 个条件，也算共同海损。

2. 共同海损的表现形式

共同海损的表现形式为共同海损牺牲和共同海损费用。

共同海损牺牲即在船货面临危险的情况下，采取共同海损措施使船舶、货物和其他财产自身所遭受的有形物质损害，主要包括船舶牺牲、货物牺牲和运费损失。因采取共同海损措施致使承运人无法收取的运费牺牲，专指"到付运费"，依航运习惯，预收运费不列入共同海损。承运人预收了运费，在承运过程中，即使采取共同海损措施致使货物灭失，也不必退还货方的"预付运费"，因此不存在预付运费的牺牲。

共同海损费用即采取共同海损措施额外支出的金钱，包括救助报酬、搁浅船舶减载费用以及因此而遭受的损害、避难港费用、驶往和在避难港等地支付给船员的工资及其他开支、修理费用、代替费用、垫付手续费和保险费、共同海损损失的利息等。与避难港等地有关的额外费用：依《海商法》第 194 条，船舶因发生意外、牺牲或者其他特殊情况而损坏时，为了安全完成本航程，驶入避难港口、避难地点或者驶回装货港口、装货地点进行必要的修理，在该港口或者地点额外停留期间所支付的港口费，船员工资、给养，船舶所消耗的燃料、物料，为修理而卸载、贮存、重装或者搬移船上货物、燃料、物料以及其他财产所造成的损失、支付的费用，应当列入共同海损。代替费用：依《海商法》第 195 条，为代替可以列为共同海损的特殊费用而支付的额外费用，可以作为代替费用列入共同海损；但是，列入共同海损的代替费用的金额，不得超过被代替的共同海损的特殊费用；代替费用本身不具有共同海损性质，但支付该费用却节省或避免了支付本应支付的共同海损费用。其他杂项费用：依《海商法》第 201 条，可列入共同海损的费用还有垫款手续费及共同海损利息等。

依《海商法》第 193 条第 2 款，"无论在航程中或者在航程结束后发生的船舶或者货物因迟延所造成的损失，包括船期损失和行市损失以及其他间接损失，均不得列入共同海损"。依《海商法》第 200 条，未申报的货物或者谎报的货物，应当参加共同海损分摊；其遭受的特殊牺牲，不得列入共同海损；不正当地以低于货物实际价值作为申报价值的，按照实际价值分摊共同海损；在发生共同海损牺牲时，按照申报价值计算牺牲金额。当事人也可以将任一版本的理算规则并入提单、租船合同、保险单或其他纠纷解决协议，共同海损的损失范围由该理算规则予以确定。

3. 共同海损理算

因共同海损行为处理共同海损损失、理算共同海损的费用，称共同海损理算。为处理共同海损费用所编制的报告称共同海损理算书。

共同海损应当由受益方按照各自的分摊价值的比例分摊。船舶、货物和运费的共同海损分摊价值，分别依照下列规定确定：

（1）船舶共同海损分摊价值

按照船舶在航程终止时的完好价值，减除不属于共同海损的损失金额计算，或者按照船舶在航程终止时的实际价值，加上共同海损牺牲的金额计算。

（2）货物共同海损分摊价值

按照货物在装船时的价值加保险费加运费，减除不属于共同海损的损失金额和承运人承担风险的运费计算。货物在抵达目的港以前售出的，按照出售净得金额，加上共同海损牺牲的金额计算。旅客的行李和私人物品，不分摊共同海损。

（3）运费分摊价值

按照承运人承担风险并于航程终止时有权收取的运费，减除为取得该项运费而在共同海损事故发生后，为完成本航程所支付的营运费用，加上共同海损牺牲的金额计算。

4. 共同海损的宣布和处理

进口卸货船抵港前发生海损事故，船方宣布共同海损，代理应协助船方以书面方式通知相关利益方（主要是收货人、货物保险人）并要求他们提供相关货物的价值申报单和共同海损分摊担保。

处理共同海损的依据是提单条款和运输契约相关条款的约定，常见的是按照《中国国际贸易促进委员会共同海损理算暂行规则》（北京理算规则）或 1974 年《约克·安特卫普规则》处理。租约与提单关于共同海损理算的规定有矛盾时，一般以提单为准。但提单上加注有"一切条款及例外以租船合约为准"印章或批注的，则以租约为准。

由于相关利益方对共同海损是否成立的审查需要时间，而船方在宣布共同海损的同时会要求收货人立即提供货物价值申报单和共同海损分摊担保，否则就会行使货物留置权而不同意卸货。因此，通常情况下有关利益方（收货人或货物保险公司）会在书面声明保留进一步审议的权利的基础上先提供货物价值单和共同海损分摊担保函，在卸货过程中继续审查，发现相关事实并认为共同海损不成立时，再发出书面通知通过代理转交船方。

如船方行使货物留置权，应由船长以书面方式向收货人宣布，一旦经过审理裁定共同海损不成立，船方需要承担因留置货物对收货人所造成损失的赔偿责任。

共同海损处理的有关注意事项：

（1）如船舶在航程中途绕航驶往避难港进行了修理，宣布了共同海损，又不报请卸港海事局调查处理，收货人或其保险人则有权登轮进行调查并查询有关资料，必要时也可以申请对船、货进行检验，以确定是否构成共同海损。

（2）投保货物的共同海损担保由货物保险公司提供，未投保的货物，可由收货人委托保险公司出具担保，非贸易物资由收货人出具担保。

（3）收货人还必须提供货物价值单，在国外理算的还需要提供海损协议书。

（4）在安排船、货检验时，应在申请时要求检验师把共同海损和单独海损项目分列清楚。

（5）船舶发生共同海损时，某提单项下的货物已有部分被卸岸或只有部分货物装船，则离船或未装船货物不承担共同海损分摊，不必提供共同海损担保。

（6）因船舶需要修理，货物由其他船转运去目的港，利益方要求提供不可分割的协议书时，代理应转告并协助办理。

任务二　进口放货业务处理

进口放货业务处理是为船公司的运输全过程提供的末端服务，即按照船公司的要求，放提货单给收货人。在实务中，进口放货业务处理包括进口单证整理与核对、发送到货通知、签发提货单、核对放货情况及资料归档等。

一、进口单证整理与核对

对载运进口货物的船舶，委托方一般会直接或由装港代理将卸货单证寄送给卸港代理。卸货单证包括进口载货清单（也称进口舱单，就是装港代理编制的出口舱单或出口运费舱单）、提单副本（或正本复印件）、货物积载图（船图，集装箱船则称为箱位图）、危险品清单、超长超重超尺码货物清单、托送物品清单等。专司进口放货工作的人员在收到各方面转来的单证后，要及时跟踪船舶动态，认真审查核对收到的单证。没有收到或收到的单证不全时，应在接到代理委托后尽快向委托方索要、补齐相关卸货单证。专业进口放货人员根据收到的卸货材料，落实本港卸货总数量和货物的装港，核实收到的单证所显示的数量是否与来港任务计划中所列数量一致，有无遗漏。同时，核对舱单、提单副本和船图所记载的数量是否一致，发现单证不全或互不相符的，要直接与委托方或装港代理联系核对并补齐。单证收齐后，重点检查有无到付运费或其他费用的货物，若有则应加以注明，特别应在重要单证上标注收到日期及方式，由船方提供的单证要让船方签字或加盖船章。此外，还需要检查各种单据的份数是否够用，不足的要复印补齐，在船舶靠泊计划下达后分发（或由外勤转交）给外理、装卸公司、海关、外勤和其他相关单位，自己至少应留一套完整的卸货单证。

在当地海关已经实行电子舱单申报的港口，应在规定期限内向海关进行进口舱单电子数据通信申报（电子舱单），电子申报一般都必须在船舶抵港前进行，然后再进行书面舱单申报。计划、外勤办理船舶电子和书面申报的数据应该与进口放货业务人员所掌握的单证数据一致，最好能建立联动核对体系。一旦电子申报与书面申报不一致，更改书面申报会遇到很多困难。

二、发送到货通知

一般情况下，收货人会从发货人发送的装船通知获悉货物预期到港信息。但船东还是有义务（通过代理）向货主发送到货通知。目前班轮都由船东或代理在相关航运杂志上定期发表船期公告，散杂货由代理在相关杂志上公布船期，这些都可以被当做一种到货通知形式。到货通知可以是书面的（传真、电报、信函、电子邮件等），也可以是口头的（单一品种的大宗散货往往可以用电话通知），口头通知应做好记录，书面通知应该有留底和发送记录（收据）。

船舶开始卸货后仍未来办理提货手续的，要发催提通知。在实务中，一般在船舶抵港 2 个工作日内向收货人发送到货通知；船舶抵港后 7 天内未发现收货人提货的，应主动报告船公司；船舶抵港后 15 天内未发现收货人提货的，报告委托方，并按其指示办理；船舶抵港后 30 天内未发现收货人提货的，报告委托方，并告知可能造成的后果，按其指示办理。

进口散装货物或其他需要直取的货物（冷藏、易腐、活牲畜和活动物、一级易燃易爆物、特种货等）更需要尽早通知收货人，以便收货人安排接卸直取准备工作，否则船舶也无法及时靠泊卸货。

三、签发提货单

货主持正本提单前来办理提货手续时，必须严格按照规定的工作程序对货主所呈交的提单进行审核。审核的内容应该包括：提单的真伪和是否为正本提单（参照委托方或装港代理寄来的提单副本或正本复印件，有无"正本"或"Original"字样），提单的签章或签字是否有疑问，船名、航次、装/卸港、提单号、货物名称数量和重量等记载是否与收到的舱单、提单副本和船图记载内容一致，To order提单是否有合格的背书，Order 人和受让人以及提货人是否都已背书等，无法判断或有疑问时，应请示委托方，是否到付运费提单，有无批注（包括需要收取其他费用的批注）等。对需要收取运费的应在货主付清费用后方可办理提货手续。

待审核无误并收取应收费用后，收回提单正本，并在正本提单上加盖"已放货"（Accomplished）印章和放货当日的日期章，然后向货主签发提货单（"小提单"，D/O）。D/O 的内容应该填写完整无误，且必须与正本提单记载的内容一致，重要内容（提单号、船名、航次、装港、货物名称、包装件数、重量、箱号）等不能遗漏，货主自有箱（SOC）必须注明以便码头放箱给货主，填写签发日期并加盖专用放货印章后交货主。要注意索要前来提货的经办人员的姓名和联系电话，记录在该提单显著的位置上，便于日后查询和联系。必要时留下经办人身份证复印件。签发提货单的工作必须由进口放货的专职人员来负责，除非经上级主管领导授权批准，其他任何人不得越权指挥或办理。

四、核对放货情况及资料归档

货物在船舶进口申报后三个月仍无货主申报纳税和领取时，海关根据规定有权将货物罚没处理。因此，作为委托代理人，必须对进口货物的提货情况进行严格的跟踪管理，对进口货物的提货手续办理情况必须在进口舱单上给予记录标注，船舶卸货结束时仍没有来办理提货手续的要再次向收货人发出催提通知书，发出后仍不来提货的要继续定期发送催提通知书，直至全船货物全部办完提货手续后才能关档和归档。

船舶代理人对所有原始进口单据均应妥善保管，放货结束后应将单据整理登记后存入单船档案袋内。保管期至少三年。归档后任何人调用船舶单船档案都必须做好借调记录，并应在本公司人员监控下查阅资料，不得失控，防止资料被抽走、调换或更改。

回收的正本提单尤其应妥善保管，如委托方来指示要求回收正本提单，必须复印一份正本留底（正反面都要复印），以可以查询的方式寄送并留好收据，交给船长或他人转送的，要由转交人书面签收（也可在正本复印件上签收）。

任务三　货物查询、理赔和客票处理

一、货物查询（Cargo Trace）

货物在装卸过程中出现差错是很难避免的。货物短少，代理无法代表承运人根据提单显示的数量向收货人交付货物，收货人或货物保险人必然会通过船舶代理向承运人提赔。有溢卸货物时，代理需要查清溢卸原因并找到真正的收货人。

因此，货物查询业务也是船舶代理的一项日常业务工作。当船舶抵达卸货港卸货发现货物有溢短时，卸货港的船舶代理必须先查明货物溢短原因。承运人在向收货人赔偿以前，需要进行调查核实和收集相关证据，货物查询是调查核实和证据收集的必要一环。

卸港代理要进行货物查询，首先需取得卸港理货公司出具的并经船方确认的货物溢/短卸报告书（Over/Short Landed Cargo Report），并向委托方报告。如有溢卸则也有短卸，首先必须核实溢短货物之间是否存在内在的联系，是否属于同类同规格货物，有无货物标记出错的可能。如确系溢卸货物，向委托方报告，按委托方指示办，包括经海关批准后将溢卸货物转运至正确的目的港或退还原发货人，或将溢卸货物作价来抵补短卸货物收货人的损失，或者将溢卸货物通过合法程序拍卖，收入归承运人（委托方）。如确系货物短卸，在向委托方报告的同时需要调查核实船舶本航次的挂靠港顺序（Port Rotation），并向有关装货港和船舶所有卸货港（包括还未挂靠的卸货港）发出货物查询单。收到查询回复后，将查询结果向委托方报告，按委托方指示办理或进入进口理赔程序。

对于委托方或其他港口代理寄送来的货物查询单，应先查核所查询货物的承运船舶航次是否由本公司代理，如是再查清该轮该航次在本港曾经靠泊的装卸货泊位。将收到的货物查询单进行编号登记，调查本公司相关船舶航次的档案和记录，如未有发现，则根据查询内容填写本公司查询单，发给该轮曾经靠泊装卸货物的码头仓库及理货公司进行查询，如是本港出口货，还需发给发货人一份进行查询。根据收到的对本公司查询的答复情况，给原始查询单发送人回复，也可以在原始查询单上加盖"NO TRACE"印章并寄回发送人。一旦货物被查到，在答复查询人的同时应报告委托方，再根据委托方指示处理。

二、货物理赔（Cargo Claims）

船舶代理在接受委托方关于货物理赔的委托后，首先对收货人或其保险人提出的索赔要求进行审验，收集齐索赔所需各种原始单证和凭证。如是保险人提赔，还要有收货人出具的权益转让书，对超过索赔期限的应拒绝受理。索赔期限一般自船舶在本港卸货结束之日算起不超过一年。认真审查索赔所涉及的船名、航次和抵港日期，是否由本公司代理，当时的委托方是否已经委托授权本公司理赔，正本提单上有无关于货物数量或品质的批注，船长所签字确认的溢/短单和残损单上有无批注，如有复查或复理批注的，应找到复查/复理报告。查核溢/短抵补记录，所提赔的货物有无进行过溢/短抵补。若货物短少数量较大的，应与理货/仓库联系，进行认真查核，同时应向装货港和中途挂靠港发出查询，要等查询回复后再提赔，索赔期限不足的应要求延展索赔期限。

审阅提单条款，查核货损是否属于船方免责范围，查核所涉及的船舶航次船方是否递交过海事声明以及获签证的情况。审核各种证据之间有无问题、矛盾或较大的差异，如货物残损报告与商检验残报告之间对数量、程度及责任有无不同表述或批注，验残报告的日期与卸货日期是否相隔时间太长，有无损害扩大或被故意扩大的可能等，索赔不应包括任何间接损失。审核货物索赔的价值，对从价货，要查核是否在正本提单上注明了货价并已经按照从价支付了运费，否则只能按照提单条款规定的普通货物赔偿限额提赔，对残损货物的索赔额不得超过货物全损的价值。

通过审核后，如无溢/短抵补可能且委托方有限额赔付授权委托的，则可在授权限额范围内对索赔进行赔偿并将结果报告委托方。对超过限额的，则呈交委托方处理。对委托方没有理赔授权委托的，代理应将通过审核的索赔案提交给委托方来处理。对已经提交但一直未获解决的案件，代理应定期催促，争取早日解决。

三、客票处理（Passenger Ticket）

代理公司在代理一般的货船时也有可能遇到临时搭客的情况，这时就需要代理为临时搭乘货船的乘客办理客票及其他相关乘船手续。货船临时搭客，首先必须取得委托方（承运人）的批准和船长同意，由承运人提供空白客票格式和客票票价。船舶代理代表船东向海事局递交临时载客申请，经海事局核查船舶安全设备定员符合要求后予以核准。查验乘客的相关证件（身份证、护照、有效签证等），收取客票票价和其他费用后向乘客签发客票。同时，编制旅客名单交外勤转船方签字确认后向口岸查验部门办理旅客出口申报。乘客凭客票到外汇管理局申请外汇，到边防检查机关办理出境预审，审验通过后预约出境查验时间地点。根据船舶开航计划由外勤与船方商定乘客上船时间，通知乘客按照预定上船时间提前办理边防检查机关、海关和卫生检疫机关的出境检查手续，商定上船办法，上船后一般不再允许下船。

【任务总结】

船舶海事签证是港务监督机构一项特殊的海事处理工作，在有关水上交通安全的行政法规中，对港务监督机构办理海事签证没有明确的规定，仅是依照传统做法来接受、办理海事签证。原交通部安全监督局（中华人民共和国港务监督）于1995年8月3日颁布实施了《船舶海事签证办法》（以下简称"签证办法"）。这个"签证办法"规定了船舶申请海事签证的接受、办理工作由港务监督机构负责，也规定了海事签证的性质、内容和范围。

共同海损是指在同一海上航程中，船舶、货物和其他财产遭遇共同危险，为了共同安全，有意、合理地采取措施所直接造成的特殊牺牲、支付的特殊费用。无论在航程中或者在航程结束后发生的船舶或者货物因迟延所造成的损失，包括船期损失和行市损失以及其他间接损失，均不得列入共同海损。

进口放货业务的主要职责与工作任务一是签发提货单，要求录入进口费用，处理接收到的函电，审核提货人出具的单据，无误后收回提单并签发提货单，做好放货记录（电脑记录和书面台账）和进口提单、函电的归档工作，向船公司发送每日放货记录。二是发送到货通知，要求在船舶抵港2个工作日内向收货人发送到货通知；若抵港后7天未提货的，报告船公司；若抵港后15天未提货的，报告委托方，并按其指示办理；若抵港后30天未提货的，报告委托方，并告知可能造成的后果，按其指示办理。三是做好箱管工作，对委托的船公司提单，签发D/O前，需要提货人提供箱体抵押担保；在箱管人员确认无费用后，将抵押担保返还提货人。四是进口查询，包括进口船期查询、进口费用查询和进口电放查询。

【思考与练习】

1. 海事签证的性质是什么？其包括哪些内容？

2. 哪些情况下需发布海事声明？海事声明的主要内容有哪些？

3. 什么是共同海损？共同海损如何宣布与处理？

4. 进口放货业务处理的程序和内容有哪些？

5. 货物理赔有哪些注意事项？

附　　录

附录1　国际船舶代理各种证书和表格中的英文及有关缩写

Animal & Plant Quarantine Declaration：动植物检疫申报单

Application for Tonnage Dues Certificate：吨税申请表

Application for Landing Permit：登陆证申请

Application on Ballast Water：压舱水申报表

Cargo Declaration：货物申报表

Certificate for Carrying Dangerous Goods：危险品适载证书

Chinese Sanitary Certificate：中华人民共和国卫生证书

Chinese Tonnage Dues Certificate：中华人民共和国吨税执照

Crew's Effects Declaration：船员物品申报单

Crew List：船员名单

De-ratting Exemption Certificate：免予除鼠证书

D. O. C.（Document of Compliance）：安全管理体系符合证明

General Declaration：总申报表

GMDSS Certificate：全球海上遇险与安全系统证书

I. S. S. C.（International Ship Security Certificate）：国际船舶保安证书

I. O. P. P. C.（International Oil Pollution Prevention Certificate）：国际防油污证书

Last Port Clearance：上港离港证

Loadline Certificate：载重线证书

Maritime Declaration on Health：航海健康申报书

Minimum Safety Manning：最低安全配员证书

Officers' Licenses：高级船员适任证书

Registry Certificate：登记证书

Report on Ship's Particulars：船舶概况报告单

Safety Construction Certificate：货船构造安全证书

Safety Equipment Certificate：货船设备安全证书

Safety Inspection Report：安全检查报告（亚太地区）

Safety Radio Certificate：货船无线电安全证书

Seamen's Book/Passport：海员证/护照

Ship's Stores Declaration：船用物品申报单

S. M. C. （Safety Management Certificate）：船舶安全管理证书

Tonnage Certificate：吨位证书

Yellow Book：预防接种证书

附录 2　国际船舶代理装卸事实记录参考用语

1. 船舶抵达

抵达引水锚地并下锚：Arrived and anchored at the pilot anchorage

抵达检疫锚地：Arrived at the quarantine anchorage

等候引航员：Waiting for pilot

等候办理进口手续：Waiting for entry（inward）formalities

等候检疫：Awaiting quarantine inspection

检疫通过：Free pratique granted

等高潮时进港：Awaiting high tide for entry

2. 装卸准备

等候泊位：Waiting for berth

装卸准备：Preparation for loading/discharging

首次开舱：First opening of hatches

整理吊杆：Rigging derricks

船员/工人水洗舱：Water washing cargo holds by crew/shore labours

清（扫）舱：Cleaning（sweeping）cargo holds

铺垫舱：Dunnaging cargo holds

水密检验：Water tight testing

搭雨棚：Erecting rain tents

拆雨棚：Taking off rain tents

搭防动板：Erecting shifting boards

拆防动板：Dismantling shifting boards

商检人员验舱：Inspecting cargo holds by cargo surveyors

验舱不合格：Inspection of cargo holds not passed

验舱合格：Inspection of cargo holds passed

等候装卸：Waiting for loading/discharging

3. 装卸作业

开始装/卸：Loading/Discharging commenced

继续装/卸：Loading/Discharging continued

在雨棚下装/卸：Loading/Discharging under rain tents

装/卸完毕：Loading/Discharging completed

平舱：Trimming of cargo

特殊平舱：Special trimming of cargo

读水尺公估：Determining cargo quantity on board by draft surveyor

4. 装卸中断

因坏天气停工：Loading/Discharging suspended owing to the bad weather

因雨停工：Loading/Discharging suspended due to the rain

因防止下雨而停工：Loading/Discharging suspended owing to the precaution of rain

因间断雨停工：Loading/Discharging stopped due to intermittent rain

因雷/阵雨停工：Loading/Discharging stopped due to thundering/shower

因浓雾停工：Loading/Discharging suspended due to dense fog

因雪停工：Loading/Discharging suspended owing to snow

因大浪/巨涌停工：Loading/Discharging suspended due to heavy surf/swell

因潮水上码头停工：Loading/Discharging suspended owing to tide flooding over wharf

因台风警报停工：Loading/Discharging stopped due to the typhoon alarm

因大风/台风停工：Loading/Discharging stopped due to strong wind/typhoon

因港口受台风影响停工：Loading/Discharging stopped due to port affected by typhoon

台风警报解除：Typhoon alarm released

因扫雪停工：Loading/Discharging suspended due to sweeping snow

×舱因绞车故障停工：Loading/Discharging suspended in Hatch No. × due to winch trouble

因船方停电停工：Loading/Discharging stopped due to suspension of ship's power supply

因调整船舶吃水停工：Loading/Discharging suspended owing to adjusting ship's draft

因修改积载图停工：Loading/Discharging suspended due to revising stowage plan

等候火车车皮：Waiting for railway wagons

等候驳船：Awaiting barge/lighter

等候租家指示：Waiting for instruction from charterers

5. 船舶动态

起锚并驶往××泊位：Heaved (Weighed) up anchor and proceeding to berth No. ××

因错过潮水而未能进港：Failed to enter due to missing high tide

靠往××泊位：Berthing alongside to berth No. ××

靠妥××泊位：Berthed alongside to berth No. ××

靠妥且缆绳全部系紧：Berthed alongside and all (lines) fastened

驶往并系泊于××号浮筒：Proceeding and mooring to buoy No. ××

准备移泊：Preparation for shifting berth

等候移泊：Waiting for shifting berth

移泊：Shifting berth

移至锚地避台：Shifting to the anchorage for taking shelter against typhoon

在泊向前/向后移动 20 公尺：Moving forward/astern 20 meters alongside the wharf

6. 油轮装卸

排放压舱水：Deballasting

接管线：Connecting hose pipes

量舱（量空距）：Taking ullage of oil tanks

验舱：Tank surveying

开泵：Pumping commenced

因泵故障停止装/卸：Loading/Discharging suspended due to pump trouble

泵毕：Pumping completed

扫舱底：Stripping oil tanks

清扫管线：Blowing hose and pipe lines

拆管线：Disconnecting hose pipes

等候向舱内补充惰性气体：Waiting for inert gas refilling to oil tanks

7. 熏蒸

商检/动植检发现货舱内有虫：Insects was found in cargo holds by cargo surveyors/animal & plant quarantine officers

准备熏蒸：Preparation for fumigation

收到熏蒸通知：Received notice of fumigation

熏蒸实行：Fumigation conducted

开始熏蒸：Fumigation commenced

投放化学毒气：Poisonous gas released

开舱散毒：Hatches opened for releasing poisonous gas from cargo holds

熏蒸结束：Fumigation completed

船员离船：Crew went ashore

船员返船：Crew returned on board

船舶处于安全状态：Ship was found in safe condition

附录3 码语通信用字母拼读表

字母	代号	发音	字母	代号	发音
A	Alfa	Alfah	S	Sierra	See Alrrah
B	Bravo	Brah Voh	T	Tango	Tang Go
C	Charlie	Char Lee	U	Uniform	You Nee Form
D	Delta	Dell Tah	V	Victor	Vik Tah
E	Echo	Eck Oh	W	Whiskey	Wiss Key
F	Foxtrot	Foks Trot	X	X-ray	Ecks Ray
G	Golf	Golf	Y	Yankee	Yang Key
H	Hotel	Hoh Tell	Z	Zulu	Zoo Loo
I	India	In Dee Ah	0	Nadazero	Nah-Dah-Zay-Roh
J	Juliett	Jew Lee Ett	1	Unaone	Oo-Nah-Wun
K	Kilo	Key Loh	2	Bissotwo	Bees-Soh-Too
L	Lima	Lee Mah	3	Terrathree	Tay-Rah-Tree
M	Mike	Mike	4	Kartefour	Kar-Tay-Fower
N	November	No Vember	5	Pantafive	Pan-Tah-Five
O	Oscar	Oss Cah	6	Soxisix	Sok-See-Six
P	Papa	Pah Pah	7	Setteseven	Say-Tay-Seven
Q	Quebec	Keh Beck	8	Oktoeight	Ok-Toh-Ait
R	Romeo	Row Me Oh	9	Novenine	No-Vay-Niner
小数符	Decimal	Day-See-Mal	句号	Stop	Stop

附录 4　VHF 通信常用术语及短语

Please use the standard marine navigational vocabulary：请用标准航海用语

Calling：呼叫

Over：我讲完了，您请讲。

Out：结束通话

This is：这里是

Please spell：请拼写

Go ahead：请继续讲

Say again：请再说一遍

Roger：收到，明白，知道了

Stand-by：等着，守听

Interruption：干扰

Correction：纠正，更正

Mistake：错误

Repeat：重复

Affirmative-（Yes）：对的，正确

Negative-（No）：错的，不对

How do you read me?：您听我的信号如何？您听得清吗？

I read you loud and clear：我听您的声音清楚响亮，我能听清楚。

I cannot read you：我无法听清，我听不清。

Mayday! Mayday! Mayday!：紧急呼救！紧急求救！救命！

附录 5 货物运输单据(样式)

1. 装货单

装 货 单

托运人
Shipper _____   **SHIPPING ORDER**
编号 _____ 船名 _____
NO. _____ S/S _____
目的港
For _____
兹将下列完好状况之货物装船后希签署收货单
Received on board the undermentioned goods apparent in good order and condition and sign the accompanying receipt for the same.

标记及号码 Marks & Nos.	件数 Quantity	货 名 Description of Goods	重 量 公 斤 Weight Kilos	
			净 Net	毛 Gross
共计件数(大写) Total Number of Packages in Writing				

日期   时间
Date _____   Time _____
装入何舱
Stowed _____
实 收
Received _____
理货员签名   经办员
Tallied By _____   Approved by _____

2. 海运货物进(出)口委托书

海运货物进(出)口委托书

发货人名称地址　Shipper		海运货物进(出)口委托书	
收货人名称地址　Consignee			
通知方名称地址　Notify Party		提单号 B/L NO. _____	
收货地点 Place of Receipt	一程承运人 Precarriage By	合同号 Contract NO. _____	
船名 Vessel Name	装货港 Port of Loading	委托编号 Entrusting Serial NO. _____	
卸货港 Port of Discharging	交收货地点 Place of Delivery	委托日期 Date of Application _____	

标记和号码 Marks and Numbers	件数和包装 No. of Pkgs & Kind of Packing	货　名 Description of Goods	重　量 Weight in KG	体　积 Measurement in CBM

集装箱数或件数 Total Number of Containers or Packages(In Words)			
装船日期 Loading Date	结汇期限 L/C Expiry Date	备　注	
可否转船 If Transhipment Allowed	可否分批 If Partial Shipment Allowed		
提单份数 Copies of B/L	正本 Original	副本 Copy	
运费支付 Freight payable at		承运人签字 Signed for the Carrier	
委托人 Entrusting Party 地址　　电话 Address & Telephone		地址　　电话 Address & Telephone	

129

3. 提货单

_____代理公司
_____ SHIP　AGENCY

提货单
(DELIVERY ORDER)

No

收货人： 通知人：			下列货物已办妥手续,运费结清,请准许交付收货人。	
船名：	航次：	起运港：	唛头：	
提单号：	交付条款：	目的港：		
卸货地点：	进场日期：	箱进口状态：		
抵港日期：		到付海运费：		
一程船		提单号：		
集装箱/船封号	货物名称	件数与包装	重量(Kgs)	体积(m³)
请核对放货： 凡属法定检验、检疫的进口商品,必须向有关监督机关申报。			船务代理公司 提货专用章	
海关章				

4. 费用账单

_____代理公司
_____ SHIP　AGENCY

费用账单
（DELIVERY ORDER）

港区　　　　场站　　　　　　　　　　　　　　　　　　　　No

收货人： 通知人：	收货人 开户银行与账号

船名：	航次：	起运港：	唛头：
提单号：	交付条款：	目的港：	
卸货地点：	进场日期：	箱进口状态：	
抵港日期：	到付海运费：		
一程船	提单号：		

集装箱/船封号	货物名称	件数与包装	重量（Kgs）	体积（m³）

项　　目	港务费	港建费	堆存费	搬移费	装车费	拆箱费	卸车费	占道费	装火车费
计吨费									
单　价									
金　额									

收货人章	收款单位 财务章	港区场站 受理章	核算章	复核章	开单日期

5. 交货记录

_____代理公司
_____ SHIP　AGENCY

交货记录
(DELIVERY ORDER)

港区　　　　场站　　　　　　　　　　　　　　　　　No

收货人： 通知人：			收货人 开户银行与账号	
船名：	航次：	起运港：	唛头：	
提单号：	交付条款：	目的港：		
卸货地点：	进场日期：	箱进口状态：		
抵港日期：		到付海运费：		
一程船		提单号：		

集装箱/船封号	货物名称	件数与包装	重量(Kgs)	体积(m³)

交接记录						
箱　　号	尺码与箱号	出场日期	提货单位	放箱人	提货人	收货人章
						港区场站章
总计						年　月　日

6. 船舶费用分摊表

船舶费用分摊表

船名			国籍：		性质：	
净吨		总吨：		来港：		去港：
预抵		抵口时间：		靠泊时间：		航线：
任　务	装箱		速滞规定			
	卸箱					
代理人	电话：					
	名称：					
	地址：					

负担对象		估计费	负担对象			估计费
吨税		船方	装卸费	进口	船货各半	
引水费	进口			出口		
	出口		绞车费	进口		
港务费	进口			出口		
	出口		扫舱费			
拖轮费	进口		理货费			
	出口		垫隔费			
移泊费			淡水费			
停泊费			检验费			
带缆费			二　委			
开盖舱			邮电费			
首　末			小　计			
中　间			船长借支			
代理费			总　计			
其他项目		运输税	我方定舱	吨	提单份数	
			对方定舱	吨		

133

7. 理货记录——残损/溢短单

HEAD OFFICE	中国外轮理货总公司	TIAN JIN BRANCH STATE
1. ××××,	**CHINA OCEAN SHIPPING**	PATENT NO. 95318818. 7
Chaoyang District, Beijing,	**TALLY COMPANY OVER-**	SHEET NO:
P. R. China	**LANDED/SHORTLANDED**	
Post code: 100026 Fax(010)	**CARGO LIST**	
××××××××		
Tel:(010)××××××××		

Vessel:_____ Voy. No. _____

Nationality:_____ Berth:_____

Tailly commenced on:_____ Date of list:_____

B/L No.	Marks	Description	p'kgs & packing on Manifest	p'kgs & packing Overlanded	p'kgs & packing Shortlanded
	Total				

Chief Tailly:_____

Master/Chief Officer:_____

CT-FORM-06

8. 装卸时间事实记录

<u>　　　　　　　　　　　　　</u>代理公司

<u>　　　　　　　　　　　　　</u> Agencies Company

装卸时间事实记录
LAYTIME STATEMENT OF FACTS

Dalian, 23rd June, 2006

M/V <u>Super Star</u> Loading/Discharging 52 520 Metric tons of <u>Maize in Bulk</u>

Mon/Date	Day	From	To	Descriptions
6/16	Fri.		0825	Vessel arrived at the Port of Dalian and anchored at the pilot anchorage.
		0825	0930	Waiting for Quarantine Inspection.
		0930	1000	Quarantine Inspection carried out and free pratique was granted.
			1000	Notice of Readiness was tendered and accepted.
		1000	2400	Waiting for berth.
				There was a shower from 1 030 to 1 125 hours.
				Inspection of cargo holds conducted from 1 300 to 1 400 hours. All cargo holds were passed by cargo surveyors.
6/17	Sat.	0000	2400	Waiting for berth.
6/18	Sun.	0000	2400	Waiting for berth. 0920-1620, raining.
6/19	Mon.	0000	1630	Waiting for berth.
		1630	1730	Pilot on board and prepare engine for berthing.
		1730	1830	Heaved up anchor and proceeding to the loading berth.
		1830	1920	Berthing alongside the No. 4 berth of Beiliang Terminal.
		1920	2200	Preparation for loading.
	.	2200	2400	Loading commenced and then continued.
6/20	Tue.	0000	2400	Loading continued.
6/21	Wed.	0000	1000	Loading continued.
		1000	1500	Loading suspended due to loading machine trouble (shore belt conveyor broken down).
		1500	2400	Loading resumed and then continued.
6/22	Thu.	0000	2400	Loading continued.
6/23	Fri.	0000	1015	Loading continued and completed.
		1015	1130	Reading draft to determine loading quantity by cargo surveyors.
				-end

Remarks:

1. Ship's G. R. T. <u>43 260</u>　　　　　　　2. There are 6 hatches on board this ship.

3. Hatches worked in this port are No. <u>1,2,3,4,5</u> and<u>6</u> only.

4. Other remarks: Fumigation was carried out on board the ship by placing medicine into cargo holds.

Master:<u>　　　　　　　　　　　</u>　As Agent:<u>　　　　　　　　　　　</u>

附录6　船舶代理有关函电(样式)

1. 船舶抵港电文

Arrival report

m. v: _____ voy: _____
anchored _____, anchor heaved _____
pilot boarded _____, berthed _____ at _____
arribal draft: fwd _____ m, aft _____ m
remain on board:
f. o _____ t, d. o _____ t, f. w _____ t, ballast _____ t.
cargo working commenced _____
next port _____ .

2. 船舶离港电文

Terminal departure report

Vsl: _____ voy: _____
Stopped loding/discharging: _____
Loading/discharging: _____ mt
Pilot board: _____, _____
Sailing time(cast off) _____
Saiing draft: fwd _____ m, aft _____ m.
Remain on board:
　　　　　　fo _____/ do _____/ fw _____
Eta next port: _____
Best regards

3. 船舶靠泊电文

Docked report

m. v: _____ voy: _____
pilot boarded _____, _____ berthed _____ at _____
cargo working commenced _____
next port _____ .

4. 船舶动态报告

Daily report

m. v:＿＿＿＿＿＿＿＿＿＿＿　　voy ＿＿＿＿＿＿＿＿＿＿＿
You are kindly informed that til ＿＿＿＿＿　　＿＿＿＿＿＿　tons of cargo has been
discharged(loaded),etd ＿＿＿＿＿ if weather pemit.
With best regards

5. 船舶装卸准备就绪通知书

Dalian,16th June,2006

To: Dalian Beiliang Terminal
C/o Cosmos Agencies Dalian Co. ,Ltd.

NOTICE OF READINESS

This is to advise you that m. v. Super Star arrived and anchored at the anchorage of the Port of Dalian at 0825 hours on 16th June,2006 and the free pratique was granted at 1000 hours on 16th June,2006.

Now she is in all respects ready to load her cargo of 52,500 tons of maize in bulk at this port. You are therefore kindly requested to commence loading of her cargo immediately.

Notice of Readiness tendered at 1000 hours on 16th June,2006.

Master ＿＿＿＿＿＿＿
of m. v. Super Star

Notice of Readiness accepted at 1000 hours on 16th June,2006.

As agent ＿＿＿＿＿＿＿

For & on behalf of Dalian Beiliang Terminal

6. 船长借据

RECEIPT OF CASH ADVANCE

Dalian,20th June,2006

This is to certify that,I,the undersigned master,received cash advance from my ship's agent of the Cosmos Agencies Dalian Co. ,Ltd. in a total amount of 25,420 US $ which in words: Twenty Five Thousand Four Hundred and Twenty Dollars of the United States of America. Please debit it to my ship's account.

Master:＿＿＿＿＿＿＿
M. V. Super Star
(Signature and Ship's Stamp)

7. 船舶速遣协议书

船舶速遣协议书

_____公司(以下称甲方)与_____港务局(以下称乙方)经友好协商就"_____"轮在_____港装卸事宜达成如下协议:

1. 该轮在_____港装(卸)_____吨。

2. 乙方保证在该轮抵港递交 NOR 后(或检疫合格后)24 小时起算,每晴天工作日效率为_____吨,甲方向乙方支付船舶速遣费_____。

3. 气象、船方、货方等非港方原因影响的时间扣除并顺延。

4. 速遣费于船舶离港后 15 日内结算。

5. 协议未尽事宜双方协商解决,协议自签订之日起生效,至"_____"轮速遣费结清之日止。

6. 港务局账号:

　　美元账号:

　　人民币账号:

甲方: 　　　　　　　　　　　　　　　乙方:

日期: 　　年　　月　　日 　　　　　　日期: 　　年　　月　　日

联系电话: 　　　　　　　　　　　　　联系电话:

8. 拖轮使用申请书

To:××××

Port of ×××××

Date:×××××

Dear sir,

RE:APPLICATION FOR TUGBOAT

Please arrange the tugboat service for the use of the vessel and charge same to ship's and/or charterers' account.

Thank ing you in advance.

Yours truly

Signature of Master_____

Name of M. V_____

9. 船舶安排交通艇申请书

Dear Sirs,

I beg to bring to you the following mishap which happened this morning to my vessel while she was moored at P section of No. 3 pier in this port.

At about 8:45 a. m. when MV Voyager was berthing to R section of the same pier her starboard bow came into contact with our port quarter, causing damage thereto.

I would be much obliged if you could take the matter up with Owners or Agents about the damage sustained and also request them to send their representative to us together with yours as soon as possible with a view to ascertaining the extent of the damage.

Trusting your prompt attention to the matter.

Yours faithfully

Master of MV＿＿＿＿＿＿＿

10. 船舶申报加燃料申请书

dear sir,

we are pleased to inform you that we would like to replenish bunkers in this port. please arrange for an oil company to supply our ship with the following fuel oil and lube oil:

→200 tons of heavy oil, viscosity 1 500 sec. , Redwood No. 1

→50 tons of diesel oil

→20 drums of Melina 30

please can you also send an oil lighter for us as soon as possible the empty drums will be returned after bunkering and all the expense incurred will be for the ship owner's account.

your kind cooperation will be highly appreciated.

Yours faithfully

Chief English of M. V. "Dong Feng"

11. 船舶医疗请求申请书

MEDICAL REQUEST

DEAR SIRS,

PLEASE KINDLY SEND 3/O LUO HONG YUAN OF M/V TONG DE QUAN TO HOSPITAL FOR MEDICAL EXAMINATION DUE TO INJURY WHICH HAPPENED ARROUND 1600LT ON 15TH JAN 2008. AND PLEASE KINDLY BRING BACK THE HOSPITAL TREATMENT CERTIFICATE & ALL THE FEE-FOR-SERVICE CERTIFICATE.

THANKS

MASTER:＿＿＿＿＿＿＿＿＿＿

M/V TONG

12. 船舶卫检电讯检疫申请书

船舶卫生检疫电报

＿＿＿＿＿＿＿＿＿＿出入境检验检疫局：

由我公司代理的船舶＿＿＿＿＿＿＿＿＿＿已经于＿＿＿＿＿＿＿＿＿＿离开＿＿＿＿＿＿＿＿＿＿,预计于＿＿＿＿＿＿＿＿＿＿抵达＿＿＿＿＿＿＿＿＿＿。

该轮共有中国籍船员＿＿＿＿＿＿名,外籍船员＿＿＿＿＿＿名,所持的健康证和预防接种证书均有效,且全部身体健康。

船舶卫生证书号码：＿＿＿＿＿＿＿＿＿＿,于＿＿＿＿＿＿＿＿＿＿在＿＿＿＿＿＿＿＿＿＿签发。

船舶所持的＿＿＿＿＿＿＿＿＿＿,于＿＿＿＿＿＿＿＿＿＿在＿＿＿＿＿＿＿＿＿＿签发。

船舶进口时装载＿＿＿＿＿＿＿＿＿＿,请贵局安排电讯卫生检疫。

＿＿＿＿＿＿＿＿＿＿船舶代理公司

＿＿＿＿年＿＿＿＿月＿＿＿＿日

附录 7　船舶代理有关单证与函电(样式)

1. 国际航行船舶进口岸申请书

船名	中文			国籍	
	英文				
船船所有人	中文			呼号	
	英文			IMO 编号	
船舶尺度	全长		宽　度	船速	
总吨位			净吨位	载重吨	
建造时间			水面以上最大高度		
出发港			出发日期		
经过港口			预到日期	预靠泊位	
船舶类型			进口淡吃水	前　　米、后　　米	
预离日期			开往港口	出口最大淡吃水	

进口	旅客总数　　名	其中	中国籍	男　　名、女　　名	
			外国籍	男　　名、女　　名	
	载货	名称		其中	普通货物	吨
		吨数　　　　吨			危险货物	吨
出口	预计旅客总　数	其中	中国籍	男　　名、女　　名	
			外国籍	男　　名、女　　名	
	预计载货	名称		其中	普通货物	吨
		吨数　　　　吨			危险货物	吨

核准机关 盖　　章 年　月　日	此　　致 海　　事 海　　关 边防检查 检验检疫 　　　　　　　　代理人 　　　　　　　　　　年　月　日

141

2. 船舶吨税申报单

船舶吨税申报单
Application for Tonnage Dues Certificate

按照《中华人民共和国船舶吨税暂行办法》的规定,连同有关文件(包括国籍证书、吨位证书或当地港务机关填发的证明文件)开具下列事项,请予完成船舶吨税,并发给船舶吨税执照。

In compliance with the provisions of the provisional Regulations Governing the Collection of Tonnage Dues of the People's Republic of China, I hereby submit documents (including the Certificate of Nationality, the Tonnage Measurement Certificate or supporting documents issued by the Harbour Authorities concerned) with the request for the issue of a Tonnage Dues Certificate upon payment of Tonnage Dues.

1. 船　名(附注原名)Ship's Name _____

2. 国　籍　Nationality _____

3. 净吨位　Net Tonnage _____

4. 按三个月期或三十天期纳税(由申请人按选定情况画去一种)Tonnage Dues Certificate valid for 3months/30 days(Cross out the words not required)

　　　　此致

中华人民共和国_____海关

To:_____ Costoms of the People's Republic of China

　　　　申请人(签名盖章)Applicant(signature) _____

　　　　年　月　日(Date) _____

以下由海关填写

1. 每吨应征税额_____

2. 合计应征税额_____

3. 填发船舶吨税执照字号_____

主管人_____经办人_____

20　年　月　日

3. 船舶进境(港)申报单

船舶进境(港)申报单

船名及船舶种类		IMO 编号	
呼号		抵达港口	
抵达日期及时间		船籍国	
船长姓名		上一港	
国籍证书(船籍港,签发日期,编号)			
总吨	净吨	船舶代理名称和联系方式	
船舶在港位置(锚位或泊位)			
航次摘要(先后挂靠港口,并在即将卸下留存货物的港口名下画线标注)			
货物简述			
船员人数(包括船长)	旅客人数	备注	
所附单证(标明份数)			
货物申报单	船用物品申报单		
船员名单	旅客名单	船舶对废弃物和残余物接受设施的需求	
船员物品申报单			
注:进境船舶为租赁或其他贸易方式进口的,根据《中华人民共和国进出口关税条例》(国务院令第 392 号) 的有关规定,应当向海关进行报关单申报。			

船长或其授权代理人签名＿＿＿＿＿＿＿　　　　　　日期＿＿＿年＿＿＿月＿＿＿日

海关签注:＿＿＿＿＿＿＿　　　　　　　　　　　日期＿＿＿年＿＿＿月＿＿＿日

143

4. 国际海事组织总申报单

IMO GENERAL DECLARATION

☐Arrival   ☐Departure

1. 1. Name and description of ship		1. 2. IMO NO.	
1. 3. Call sign		2. Port of arrival / departure	
3. Date-time of arrival/ departure		4. Flag State of ship	
5. Name of master		6. Last port of call/Next port of call	
7. Certificate of registry (port; date; number)		8. Name and address of ship's agent	
9. Gross tonnage	10. Net tonnage		

11. Position of the ship in the port (berth or station)	
12. Brief particulars of voyage (previous and subsequent ports of call; underline where remaining cargo will be discharged)	
13. Brief description of the cargo	

14. Number of crew (incl. master)	15. Number of passengers	16. Remarks
Attached documents **(indicate number of copies)**		
17. Cargo Declaration	18. Ship's Stores Declaration	
19. Crew List	20. Passengers List	21. Date and signature by master, authorized agent or officer
22. Crew's Effect Declaration*	23. Maritime Declaration of Health*	

24. Date and signature by master, authorized agent or officer _____

For official use _____

* Only on arrival

国际海事组织
总申报单（中文）

□抵港　　　□离港

1.1. 船舶名称及种类		1.2. IMO 编号	
1.3. 呼号		2. 抵/离港口	
3. 抵/离港日期及时间		4. 船舶国籍	
5. 船长姓名		6. 驶来港/目的港	
7. 国籍证书（船籍港，签发日期，编码）		8. 船舶代理名称及地址	
9. 总吨位	10. 净吨位		
11. 在港泊位			

12. 航次摘要（先后挂靠港口，并在即将卸下留存货物的港口名下画线标注）

13. 货物说明

14. 船员人数（含船长）	15. 旅客人数	16. 备注
附件（标明份数）		
17. 货物申报单	18. 船用物品申报单	
19. 船员名单		21. 船长或其代理人签名、日期
22. 船员物品申报单*		

24. 船长或其授权代理人签名及日期：＿＿＿＿＿＿＿＿　签名：＿＿＿年＿＿月＿＿日

检查机关签注：＿＿＿＿＿＿＿＿＿＿＿＿＿＿＿＿＿＿＿＿＿＿

＊仅到达时使用

5. 货物申报单

货物申报单（英文）
CARGO DECLARATION

No   Arrival   Departure   Page No

1. Name of ship		2. Port where report is made		
3. Nationality of ship	4. Name of master	5. Port of loading/discharge		
6. Marks and Nos.	7. Number and kind of packages; description of goods	8. Gross weight		9. Measurement

10. Date and signature by master, authorized agent or officer

146

货物申报单（中文）

编号：　　　　　　抵港　　　　　　　　　离港　　　　　　第　　页

1. 船名		2. 申报港	
3. 船舶国籍	4. 船长姓名	5. 装货港/卸货港	
6. 标志及号码	7. 包件的各类和数量；货名	8. 毛重	9. 单位

10. 船长或其代理人签名、日期

6. 船用物品申报单

船用物品申报单（英文）
SHIP'S STORES DECLARATION

☐Arrival   ☐Departure   Page №

1. Name of ship		2. Port of arrival∕ departure	3. Dtae of arrival∕departure
4. Nationality of ship		5. Port arrived form∕Port of destination	
6. Number of persons on board	7. Period of stay	8. Place of storage	
9. Name of article	10. Quantity	11. For official use	

12. Date and signature by master, authorized agent or officer

船用物品申报单（中文）

□抵港　　　□离港　　　　　第　　页

1. 船名		2. 抵/离港口	3. 抵/离日期
4. 船舶国籍		5. 驶来港/目的港	
6. 在船人数	7. 停留时间	8. 存放位置	
9. 品名	10. 数量	11. 检查机关签注	

12. 船长或其代理人签名、日期

7. 国际海事组织船员名单

IMO CREW LIST

☐Arrival   ☐Departure   Page № (/)

1. Name of ship		1. 2. IMO NO.		1. 3. Call sign	
2. Port of arrival /departure				3. Date of arrival /departure	
4. Nationality of ship				5. Port arrived from	
6. №	7. Family name, given names	7. 1 M/F	8. Rank or rating	9. Nationality	10. Date and place of birth	11. Nature and № of identity document

12. Date and signature by master, authorized agent or officer

国际海事组织
船员名单

□抵港　　　□离港　　　　　页码（　/　）

1. 船名		1.2. IMO 编号		1.3. 呼号	
2. 抵/离港口				3. 抵/离日期	
4. 船舶国籍				5. 驶来港	
6. 序号	7. 姓名	7.1 性别	8. 职务	9. 国籍	10. 出生日期及地点	11. 证件种类及号码

12. 船长或其代理人签名及日期

8. 旅客名单

旅客名单（英文）
PASSENGER LIST

☐Arrival   ☐Departure   Page No

1. Name of ship		2. Port of arrival/departure		3. Date of arrival /departure
4. Nationality of ship		5. Port arrived from		6. ID Card No （Passport No）
7. No	8. Family name, given names	9. Nationality	10. Date and place of birth	

11. Date and signature by master, authorized agent or officer

旅客名单（中文）

□抵港　　□离港　　　　　　　　　　　　第　页

1. 船名		2. 抵/离港口		3. 抵/离日期
4. 船舶国籍		5. 驶来港		6. 身份证号码（护照号码）
7. 序号	8. 姓名	9. 国籍	10. 出生日期及地点	

11. 船长或其代理人签名、日期

9. 船员物品申报单

船员物品申报单（英文）
CREW'S EFFECTS DECLARATION

Page No

1. Name of ship			2. Effects which are dutiable or subject to prohibitions or restrictions *	
3. Nationality of ship				7. Signature
4. No.	5. Family name, given names	6. Rank or rating		

8. Date and signature by master, authorized agent or officer

* e. g. wines, spirits, cigarettes, tobacco, etc..

船员物品申报单（中文）

船员物品申报单

第　　页

1. 船名	2. 应税、禁止或限制物品*	
3. 船舶国籍		
4. 序号	5. 姓名	6. 职务		7. 签名

4. 序号	5. 姓名	6. 职务	2. 应税、禁止或限制物品*	7. 签名

8. 船长或其代理人签名、日期

*例：酒、酒精饮料、卷烟、烟草等。

10. 航海健康申报书

中华人民共和国出入境检验检疫
航海健康申报书
MARITIME DECLARTIOn OF HEALTH
Entry-Exit Inspection and Quarantine of the P. R. of China

抵/离港 Port of Arrival/Departure1) _____ 来自/到 From/To1) _____

抵/离港日期及时间 PTime and Date of Arrival/Departure1) _____

船名 Name of ship _____ 国籍 Nationality _____ 船长姓名 Name of Captain _____

注册净吨位 Net tons _____ 载货种类及数量 Dexcripton and Quantity of cargo _____

除鼠/免予除鼠证书 Deratting/Deratting Exemption Certificate1) _____ 是否有压舱水 Ballast Water ____ □Yes □No

签发港及日期 Port and Date of Issue _____ 食物装载港 Port of Provision Taken _____ 船员人数 Number of Crew _____ 旅客人数 Number of Passengers _____ 饮水装载港 Port of Water Taken _____

船舶在港期间人员变动情况 Description of any change of crew while in port2) _____

沿途寄港及到达离去日期 Ports of Call with Dates of Arrival and Dates of Departure3) _____

健康问题   回答有或无

HEALTH QUESTIONS   ANSWER YES OR NO

1. 船上有无发现鼠疫、霍乱、黄热病等病例或疑似病例？应用附表详细记载。Has there been on board any case or suspected case of plague, cholera or yellow fever? Give particularsin schedule. □有 Yes □无 No

2. 船上鼠类是否发生鼠疫或疑似鼠疫，或曾否发生鼠类反常死亡？Has plague occurred or been suspected among the rats or mice on board, or has there been an abnormality among them? □有 Yes □无 No

3. 除意外伤害外，船上曾否有人死亡？应用附表详细记载。Has any person died on board otherwise than as a result of accidents? Give particularsin schedule. □有 Yes □无 No

4. 除问题"1"所述外，船上有无流感、疟疾、脊髓灰质炎、登革热、斑疹伤寒、回归热、艾滋病、性病、麻风病、开放性肺结核、精神病病例以及其他传染病或疑似病例？应用附表详细记载。Has there been on board any case or suspected case of influenza, malaria, poliomyelius, dengue fever, typhusfever, relapsing fever, AIDS, Venereal diseases, leprosy, active pulmonary tuberculosis, psychosis, or other infectious diseases apart from the statement inquestion No. 1? Give particulars in schedule.

□有 Yes　　□无 No

5. 船上有无导致感染或使疾病传播之其他情况？Are you aware of any other condition on board which may lead to infection or the spread of disease?　　□有 Yes　　□无 No

6. 船上人员有无健康证书？Do the persons on board possess valid Health Certificates For International Traveller?[2)]　　□有 Yes　　□无 No

注：如无船医，船长需以下列症状为疑似传染病之根据：高热伴有虚弱或连续数日发热或附带淋巴腺肿；急性皮疹伴有发热或不发热；急性腹泻并有虚脱症状；黄疸并发热。

NOTE：In the rabsence of a surgeon, the captain should regard the following symptoms as ground for suspecting the existence of disease of an infectious nature; fever accompanied by prostration or persisting for several days, or attended with glandular swelling; any acute skin rash or eruption with or without fever, severe diarrhea with symptoms of collapse; jaundice accompanied by fever.

兹申明对上列问题的回答（包括附表）尽我所知相信属实无讹。

I hereby declare that the particulars and answer to the questions given in this declaration of health (including the schedule) are true and correct to the best of my knowledge and belief.

日期　　　　　　　　　　　　　　　　船长签名

Date _____ Signature of Captain _____

船医附签

Countersignature of ship's surgeon _____

如入境船舶自开航已逾四周，仅申报最后四周的情况。

If more than 4 weeks have elapsed since the voyage began, it will suffice to give particulars for the last 4 weeks.

（1）画去不需要的部分 Cross-out the unnecessary part

（2）只适用于出境船舶 Only for departure of boat

（3）只适用于入境船舶 Only for arrival of boat

11. 船舶概况报告单

REPORT ON SHIP'S PARTICULARS（A）

SHIP'S PARTICULARS（If not applicable，no fill-in ）

Ship's Name		Flag/Registry Port		Built Year		Ship-type	
IMO NO.		Gross Tonnage		Net Tonnage		DWT/TEU	
Call Sign		LOA		Breadth Moulded		Depth Moulede	
Max Height From Keel		Summer Meam Draft		Fresh Water Allowance		M/Power	
Initial Registry NO.		Security Level		Owner/Operator			

SHIP'S CERTIFICATES（If not applicable，no fill-in）

TITLE OF CERTIFICATE	DATE ISSUED	DATE VALID	DATE OF LAST ANNUAL SURVEY	TITLE OF CERTIFICATE	DATE ISSUED	DATE VALID	DATE OF LAST ANNUAL SURVEY
NATIONALITY (REGISTRY)				MINIMUM SAFETY MANNING			
TONNAGE				COF (LIQUEFIED FASES FITNESS)			
LOAD LINE				COF (DANG-EROUS CHEMI-CALS FITNESS)			
IOPP				NLS			
SAFETY CON-STRUCTION				CLC			
SAFETY EQUIPMENT				DOC			
Safety RADIO				SMC			
NAVIGATION SAFETY				ISSC			
PASSENGER SHIP SAFETY				Life saving appliances * provided for a total number of _____ persons			
EXEMPTION				Content exempted：			

LICENSES OF COMPETENCY FOR SEAFARERS

RANK	NO. OF COC/VALID UNTIL	RANK	NO. OF COC/VALID UNTIL
Captain		C/engineer	
C/Officer		2/engineer	
2/officer		3/engineer	
3/officer		4/engineer	
Radio Officer			

SAFETY INSPECTION

Holding P. S. C Report or not?	Yes/No	Date/place of Last inspection:	Yes/No

To _____ Maritime Safety Administration of P. R. C, I hereby declare, that the vessel is of seaworthiness; all Certifkcates there of are valid; manning and cargo loading there of are in compliance with relevant requirements; all particulars entered on this form are true and correct!

Signature of Captain		Date (DD/MM/YY)	

Date: _____

船舶概况报告单（A）——中文版

船舶概况（不适用不填）

船名		船旗国/船籍港		建造年月		船舶种类	
IMO 编号		总吨		净吨		载重吨/标箱	
呼号		总长		型宽		型深	
龙骨以上最大高度		夏季满载吃水		淡水宽限		主机功率	
初始登记号		保安等级		所有人/经营人			

船舶证书（不适用不填）

证书名称	核发日期	有效期止	最近年检日期	证书名称	核发日期	有效期止	最近年检日期
国籍（登记）证书				最低安全配员证书			
国际吨位证书				散装液化气适装证书			
船舶载重线证书				散装危险化学品适装证书			
国际防止油污证书				防止有毒液体污染证书			
货船构造安全证书				油污损害民事责任公约证书			
货船设备安全证书				船公司符合证明			
货船无线电安全证书				安全管理证书			
船舶航行安全证书				保安证书			
客船安全证书				载明救生设备仅供总人数　　　人使用			
免除证书				所免除内容：			

船员适任证书

职　务	适任证书编号/有效期止	职　务	适任证书编号/有效期止
船　长	/	轮机长	/
大　副	/	大管轮	/
二　副	/	二管轮	/
三　副	/	三管轮	/
报（话）务员	/		

安全检查

是否持有安检报告（PSC/FSC）	是/否	最近一次检查日期/地点		本港是否有复查项目	是/否

_____海事局：兹声明我船证书齐全，处于适航状态，船员配备及货物装载符合要求，申请材料准确无误！

船长签字		日期（DD/MM/YY）：	

12. 入境健康检疫申明卡

中华人民共和国出入境检验检疫

ENTRY-EXIT INSPECTION AND QUARANTINE

THE PEOPLE REPUBLIC OF CHINA

入境健康检疫申明卡

HEALTH AND QUARANTINE DECLARATION FORM ON ENTRY

姓名 Name：_____　　性别 Sex：_____ □男 Male　□女 Female

出生日期 Birth date：_____年 yy _____月 mm　国籍（地区）Nationality（Region）：_____

到达时间 Time of Arrival：_____时 hh　入境地点 Place of Arrival：_____

来自国家/地区 From（Country/ Region）：_____护照号码 Passport No.：_____

车（船）次/航班号 vehicle/Ship/Flight No. _____

车厢（牌）号 Compartment/License tag No.：_____座（铺）位号 Seat No.：_____

目的地 Destination：_____途经地区 Via：_____

1. 此前 4 周内您到过的国家和城市 Please list the countries and cities（towns）that you have visited in previous 4 weeks：_____

2. 此后 14 天内的联系地址和联系电话 The contact address and telephone number in the next 14 days：
_____
_____

3. 如果您有以下症状或疾病，请在项目前的□内画"√"

Please mark "√"before the items of following symptoms or illness if you have any now

□发烧 Fever　　　　　　　　　　　　□精神病 Psychosis

□咳嗽 Cough　　　　　　　　　　　　□性传播疾病 Venereal disease

□呼吸急促 Shortness of breath　　　　□艾滋病（包括病毒携带者）AIDS/HIV

□呼吸困难 Difficulty breathing　　　　□开放性肺结核 Active pulmonary tuberculosis

□腹泻 Diarrhea　　　　　　　　　　　□其他疾病 Other disease

□呕吐 Vomiting

4. 过去 14 天内是否与传染性非典型肺炎患者或疑似患者有过密切接触？

Have you had close contact with any probable or suspected SARS case in the past 14 days?

□是 Yes　　　　□否 No

5. 如果您携带以下物品，请在项目的□内画"√"

Please mark "√"before the items of following articles if you bring any of them

□动物 Animal　　　　　　　　　　　　□微生物 Microbe

□动物产品 Animal products　　　　　　□人体组织 Human tissues

□动物尸体、标本 Animal carcasses and specimen　□生物制品 Biological products

□植物 Plant　　　　　　　　　　　　　□废旧衣服 Waste and used clothing

□植物繁殖材料 Plant propagating materials　□血液或血液制品 Blood and blood products

□植物产品 Plant products　　　　　　　□土壤 Soil

我已阅读本申明卡所列事项，并保证以上申明内容正确属实。

I hereby declare that all the information given above is true and correct.

日期 Date：_____旅客签名 Signature：_____

13. 海关进出境船舶申报单

<h1 style="text-align:center">＿＿＿＿＿＿＿＿海关进出境船舶申报单</h1>

船　名	中文					国　籍	
	英文						
船公司	中文						
	英文						
总吨位		净吨位		载重吨			
出发港			出发日期				
目的港			预到日期				
货物名称			经过港口				
本　港 出　口 货　物			重 量			包 装 件 数	
他　港 装　卸 货　物							
船上电话							
联检地点			作业地点				
作业时间							
备　注							

14. 出境健康检疫申明卡

中华人民共和国出入境检验检疫
ENTRY-EXIT INSPECTION AND QUARANTINE
THE PEOPLE REPUBLIC OF CHINA
出境健康检疫申明卡
HEALTH AND QUARANTINE DECLARATION FORM ON EXIT

姓名 Name：＿＿＿＿＿＿＿＿＿＿   性别 Sex：＿＿＿ □男 Male   □女 Female ＿＿＿

出生日期 Birth date：＿＿＿年 yy ＿＿月 mm   国籍(地区) Nationality(Region)：＿＿＿＿＿＿

护照/证件号码 Passport/ID No.：＿＿＿＿＿＿＿＿＿＿＿＿＿＿离境时间 Time of

Departure：＿＿＿＿＿＿＿＿＿＿＿＿＿＿＿＿＿＿时 hh

联系电话：Telephone Number：家庭 Home ＿＿＿＿＿＿＿＿办公 Office ＿＿＿＿＿＿＿＿＿

车(船)次/航班号 vehicle/Ship/Flight No. ＿＿＿＿＿＿＿＿＿＿＿＿＿＿＿＿＿＿＿

车厢(牌)号 Compartment/License tag No.：＿＿＿＿＿＿座(铺)位号 Seat No.：＿＿＿＿＿＿＿

目的地 Destination：＿＿＿＿＿＿＿＿＿＿途经地区 Via：＿＿＿＿＿＿＿＿＿＿＿＿＿

1. 此前 14 天内您到过的国家和城市 Please list the countries and cities(towns) that you have visited in previous 14 days：＿＿＿＿＿＿＿＿＿＿＿＿＿＿＿＿＿＿＿

2. 此后 14 天内的联系地址和联系电话 The contact address and telephone number in the next 14 days：

＿＿＿＿＿＿＿＿＿＿＿＿＿＿＿＿＿＿＿＿＿＿＿＿＿＿＿＿＿＿＿＿＿

＿＿＿＿＿＿＿＿＿＿＿＿＿＿＿＿＿＿＿＿＿＿＿＿＿＿＿＿＿＿＿＿＿

3. 如果您有以下症状或疾病，请在项目前的□内画"√"

   Please mark "√" before the items of following symptoms or illness if you have any now

   □发烧 Fever   □呼吸急促 Shortness of breath

   □腹泻 Diarrhea   □咳嗽 Cough

   □呼吸困难 Difficulty breathing □开放性肺结核 Active pulmonary tuberculosis

4. 过去 14 天内是否与传染性非典型肺炎患者或疑似患者有过密切接触？

   Have you had close contact with any probable or suspected SARS case in the past 14 days?

   □是 Yes   □否 No

我已阅读本申明卡所列事项，并保证以上申明内容正确属实。

I hereby declare that all the information given above is true and correct.

日期 Date：＿＿＿＿＿＿＿＿＿＿旅客签名 Signature：＿＿＿＿＿＿＿＿＿

15. 船舶出口岸手续联系单

船舶出口岸手续联系单

经办单位：　　　　　　　　　　　　　　　经办人签名：

船名	中文		国籍	
	英文		泊位	
海关签注		经办人签名：　　　　　　　　　　　　　　年　月　日		
边防签注		经办人签名：　　　　　　　　　　　　　　年　月　日		
卫检签注		经办人签名：　　　　　　　　　　　　　　年　月　日		
动植检签注		经办人签名：　　　　　　　　　　　　　　年　月　日		
海事局签注		经办人签名：　　　　　　　　　　　　　　年　月　日		

16. 船舶出境(港)申报单

REPORT OF DEPARTURE ON OUTGOING SHIP
船舶出境(港)申报单
(封面)

SHIP'S NAME:＿＿＿＿＿＿＿＿＿＿＿＿＿＿＿＿

船　　　名:＿＿＿＿＿＿＿＿＿＿＿＿＿＿＿＿

NATIONALITY:＿＿＿＿＿＿＿＿＿＿＿＿＿＿＿

国　　　籍:＿＿＿＿＿＿＿＿＿＿＿＿＿＿＿＿

APPLICANT:＿＿＿＿＿＿＿＿＿＿＿＿＿＿＿＿

填　报　人:＿＿＿＿＿＿＿＿＿＿＿＿＿＿＿＿

船舶出境(港)申报单

NEXT PORT 驶往港：		PORT OF DESTINATION 目的港：		
KIND OF EXPORT CARGO 出口货类：		M/TONS 出口重量：　　　　吨		
PARCEL 出口捎包种类：		PIECES 出口捎包件数：　　　　件		

TONNAGE DUES CERTIFICATES NO. EXPIRIED 吨税执照(　　)字　　号　　年　　月　　日止

DEPARTURE TIME MONTH DAY HOURS MINUTES 开航时间：月　日　时　分					BERTH NO. 泊位：				
NUM OF CREW SIGN OFF TOTAL 本港离船人员：　　　　名					NUM OF CREW SIGN ON TOTAL 本港上船人员：　　　　名				
CHINESE 中	CHINESE OVERSEAS 派	H. K. 港	TAIWAN 台湾	FOREIGNER 外	CHINESE 中	CHINESE OVERSEAS 派	H. K. 港	TAI WAN 台湾	FORE IGNER 外

OUTWARD CREW 出境船员总数	TOTAL 名	OUTWARD PASSENGER 出境旅客总数		TOTAL 名
SUBMITTED DOCUMENTS 出境单据	MANIFEST PAGES 出口舱单　　张		PASSENGER LIST PAGES 旅客名单　　张	
	PARCEL PAGES 捎包单　　　　张		REPLACEMENT OF CREW PAGES 更动名单　　张	

TILE SITUATION OF REPLENISHMENT APPOPRIATION,SHUT OUT ON BOARD 添装、调拨、退船上燃油、物料、烟酒等情况			
CLSAAIFICATION 类别	VARIETY 种类	QUANTITY 数量	DATE 日期
REPLENISHMENT 添装			
APPOPRIATION 调拨			
SHUT OUT 清退			
OIL REMAINS 存燃油	F. O MTNS 重油：　　吨	D. O MTNS 轻油：　　吨	LUBRICATING OIL MTNS 润滑油：　　吨

NOTE 备注

17. 航行国际航线船舶出境自查报告表(边检)

中华人民共和国
航行国际航线船舶出境自查报告表

船　　名			所属公司			
停泊地点			出口货物			
船　　员	中国籍	名	外国籍	名	合计	名
旅　　客	中国籍	名	外国籍	名	合计	名
联检时间			驶往港口			

检　查　情　况

船舶负责人:(签名)＿＿＿＿＿＿＿＿＿

年　　月　　日

边防检查站核查情况

检查员(签名):＿＿＿＿＿＿＿＿＿

年　　月　　日

备注:此表在办理出境手续时填报,边防检查站收存。

18. 船舶载运危险货物申报单（散装液体货物）

船舶载运危险货物申报单（散装液体货物）

Declaration Form For Dangerous Goods Carried By Ship（Liquid in Bulk）

船名：＿＿＿＿ 国籍：＿＿＿＿ □进港 □出港 始发港＿＿＿＿ 抵港时间＿＿＿＿ 所有人＿＿＿＿ 航次＿＿＿＿ 作业泊位＿＿＿＿ 装货时间＿＿＿＿

Ship's Name　Nationality　Arrival Departure　Port of Departure　Time of Arrival　Owner　Voyage No　Berth　Time of Loading

货物正确技术名称 Proper Shipping Name	联合国编号 Un No	类别/性质 Class/Property	数量 Quantity	液货舱编号 Number of Tanks	液货惰化（是/否）Tank inerting（Yes/No）	装卸货物温度（℃）Cargo Landling Temperature（℃）	装卸港 Port of Loading/Discharging	备注 Remarks

本轮液舱中存有以下压载水/污水：

The ballast/bilge water remained in tanks on board:

舱室编号 Tank No	水质种类 Kinds of water	数量 Quantity	注明该舱室为专用/清洁压载舱或液货舱 Indicating whether the tank is separate/clean ballast tank or cargo tsnk	备注 Remarks

本轮准备在港口进行下述作业，并按规定另行申请：

This ship plans to carry out the following operation(s) in port and application will be submitted separately according to the relevant provisions:

1. 清洗液货舱作业（水洗） □是/□否
   Tank washing(water wash) Yes No

2. 使用清洁剂/添加剂洗舱 □是/□否
   Tank washing by detergent/additives Yes No

3. 原油洗舱 □是/□否
   Crude oil washing Yes No

4. 驱气作业 □是/□否
   Gas freeing Yes No

5. 向港口接收设施排放含油/有害物质的洗舱水/混合物，预计 _____ 吨（m³）
   Disposal of tank washing water/water containing harmful substances/mixtures into port reception facilities, estimated quantity _____ tons（m³）

主管机关签证栏
Remarks by the Administration:

兹声明根据船舶所装载危险货物安全和防污染规定，本轮具备装载上述货物的适装要求，货物配装符合要求，货物资料内容准确无误。申报内容准确无误。

I hereby daclare that, in accordance with the provisions of the safe transportation of dangerous goods by ship and pollution prevention, this ship has met the requirements of fitness for carrying the above declared googls; Cargo stowage is properly planned according to the requirements; The documentation of cargo is complete and the contents of declatation are true and correct.

附送以下单证、资料
the following documents and information are submitted in addition.

此致 港务监督
TO Harbour Superintendency Administration

此申报单一式三份，经主管机关批准后，其中两份申报人留持并分送港口作业部门，一份留存主管机关存查。
This declaration should be made in tripartite, one is kept by the Compertent Authority fot file, and two for the declarer and port operator respectively.

19. 船舶载运危险货物申报单（包装/固体散装危险货物）

船舶载运危险货物申报单（包装/固体散装危险货物）

Declaration Form For Dangerous Goods Carried By Ship (Packaged/Solid in Bulk)

船名　Ship's Name _____　航次　Voyage № _____　□进港 Arrival □出港 Departure　始发港　Port of Departure _____　抵港时间　Time of Arrival _____

国籍　Nationality _____　作业泊位　Berth _____　作业时间　Time of Loading/Unloading _____

货物正确技术名称 Proper Shipping Name	联合国编号 Un №	类别/性质 Class/Property	装运形式 Means of Transport	件数 Number of Package	总重量 Weight in Total	卸货港 Discharging Port	装卸位置 Location of Stowage	备注 Remark

主管机关签证栏 Remarks by the Administration:

兹声明根据船舶装载危险货物安全和防污染规定，本轮具备装载上述货物的适装要求，货物配装符合要求，货物资料齐全。申报内容准确无误。

I hereby daclare that, in accordance with the provisions of the safe transportation of dangerous goods by ship and pollution prevention, this ship has met the requirements of fitness for carrying the adove declared googds; Cargo stowage is properly planned according to the requirements; The documentation of cargo is complete and the contents of declalation are true and correct.

附送以下单证、资料

the following documents and information are submitted in addition.

此致　港务监督

TO _____　Harbour Superintendency Administration

此申报单一式三份，经主管机关批准后，其中两份申报人留持并分送港口作业部门，一份留主管机关存查。

This declaration should be made in tripartite, one is kept by the Compertent Authority fot file, and two for the declarer and port operator respectively.

20. 国际航行船舶进口载货清单

中华人民共和国海关
国际航行船舶进口载货清单

海关编号：（由海关填注）_____

本清单共 _____ 张　第 _____ 张

船名及种类：_____
国　　籍：_____

登记吨位：
总 吨 位：
航行次数：
由何处来：

船长姓名：_____
经理人名称：_____ 国籍：_____
进口时日：_____ 年 _____ 月 _____ 日 _____ 时
清单送递海关时日（由海关填注）：_____
停泊地点：_____

载货清单号数	提单号数	此行专由海关填注	标记及号码	货物件数	包装式样	货　　　名	重量或体积	舱间部位	收货人	备注
			货件总数							

凡将件数并包合捆装成一件者，应注明实装件数。

兹声明上列各项正确无讹。此致

_____ 关

_____ 年 _____ 月 _____ 日

经理人签印：_____

船长签印：_____

日期：_____

21. 国际航行船舶出口载货清单

中华人民共和国海关
国际航行船舶出口载货清单

海关编号：(由海关填注) _____

本清单共 _____ 张　第 _____ 张

船名及种类：_____　　国籍：_____

登记吨位：_____
总 吨 位：_____
航行次数：_____
由何处来：_____

船长姓名：_____
经理人名称：_____
进口时日：_____ 年 _____ 月 _____ 日 _____ 时
清单送递海关时日(由海关填注)：_____
停泊地点：_____

载货清单号数	提单号数	此行专由海关填注	标记及号码	货物件数	包装式样	货　名	重量或体积	舱间部位	收货人	备注
			货件总数							

凡将件数非包含捆装成一件者，应注明头装件数。

兹声明上列各项正确无讹。此致

_____关

_____ 年 _____ 月 _____ 日

经理人签印：_____

船长签印：_____

日期：_____

173

附录 8　船舶积载图

1. 散货船船积载图

2. 集装箱船积载图

集装箱船积载图

3. 杂货船积载图

杂货船积载图

杂货船积载图

STPWAGE   PLAN

Vessel:

VOYAGE:FROM   TO

DATE:SAILED   A   ARRIVED

DRAFT:F   A   M

HATCHES	L.HDS	L.TDS	U.TDS	TOTAL
No.1				
No.2				
No.3				
No.4				
No.5				
TOTAL				

DESTINATION	No.1	No.2	No.3	No.4	No.5	TOTAL
TOTAL						

附录9　某船舶代理公司操作规范

1. 计划调度岗位操作规范

1.1　合同评审，建立船舶代理关系

1.1.1　收到船东、租船人和/或其他关系方的委托后，按法律法规、港口规定及港口的实际情况的要求进行审核：

（1）船舶能否被港监所接受；

（2）费用要求是否可接受审核的具体内容通常包括下列各项：

◆ 船舶规范，主要包括，但不限于此：船名、船旗、总吨、净吨、载重吨、总长、型宽等；

◆ 来港任务；

◆ 装卸条款〈装/卸船〉；

◆ 预计抵港时间、吃水；

◆ 货物数量、有无过境货、危险品；

◆ 委托方全称及联系地址、电话、电传等；

◆ 上一靠港、下一去港，装货或卸货港。

1.1.2　合同评审的重点内容

1.1.2.1　特种船舶：对超规范船舶、装/卸重大货物的船舶等可否接受代理委托需首先以电话或书面形式征得有关港口当局（港务监督或港务局）的同意，并记录归档备查。

1.1.2.2　在审核装卸货船舶代理委托中要特别注意审核：

（1）卸货船舶

◆ 预计抵港吃水是否符合港口条件；

◆ 所载危险品能否被港监所允许；

◆ 超长/重大件货物是否符合港口接卸能力；

◆ 卸货时间要求能否满足。

（2）装货船舶

◆ 预计离港吃水是否符合港口条件；

◆ 所载危险品能否被港监允许；

◆ 船方、港方的装货设备/设施是否满足装货要求；

◆ 装货时间要求能否满足。

1.1.2.3　专程来港加油、加水、添加食品物料的船舶：对这类船舶委托的审核应特别注意：

◆ 申请加油、加水、添加食品物料的种类数量；

◆ 以电话或书面形式联系分承包方，落实供应的可能性；

◆ 落实费用的支付方式。

1.1.2.4 来港调换船员的船舶，对该类船舶委托的审核应特别注意：

◆ 上船人数、路线、航班号等；

◆ 下船人数、去向、是否订妥机票（我司遣返船员由综合服务公司安排，发采购指令方法：抄报有关服务信息或电文）。

1.1.2.5 海事处理

（1）一旦收到船长/船员有关船舶发生海事的信息，应及时查核：

◆ 是否有人员伤亡

◆ 是否在锚地发生碰撞事故、船损情况，迅速联系医院、港监、船检、商检、修船厂等，并按船长要求和当局决定采取措施，及时告知委托方。

（2）将有关信息和文书，转告委托方，并将动态情况及时通告委托方。

（3）若需有关方提供担保，则应及时转告委托方，并协助处理担保事宜。

1.1.2.6 专程来港修理的船舶

接到委托方/船方关于修理的书面委托后及时联系厂家对各项修理进行工期和报价及可行性评估，在船方确认后方可安排修理，非海关监管处所的修理应要求厂方办妥有关会商手续。

1.1.2.7 长期代理关系的建立，主要指本公司与委托方直接订有长期代理协议的集装箱班轮业务以及计划内国际旅游船。在协议有效期内或计划年度内可不必进行逐航次船舶代理的合同评审，仅对每航次的委办事项进行审核以确保委托方的要求能被满足。

1.1.3 评审结果

（1）经评审，委托可以接受，则向委托方复电确认。该确认电是合同评审的证明。

（2）经评审，委托不能接受，则由评审人以电话、电传、传真通知顾客不能接受的原因或提出为使委托能被接受而需采取的措施，该委托经顾客更正或调整后可以接受，则复电确认接受委托。

（3）如经评审发现委托不能接受，且委托方无法采取措施或采取措施后，委托仍不可接受，则填写"合同评审表"，交部门负责人审定，经其确认不能接受后，由评审人再次通知顾客，说明情况，取消委托。

（4）对暂时缺少或未告知的一些信息和资料，虽对船舶作业安排很重要，但不影响委托的接受，可在接受委托后向委托方索取。它们可能是：

◆ 缺少收/发货人名称及联系电话等；

◆ 暂未通知船舶规范；

◆ 暂无积/配载图；

◆ 未通知开来港或目的港名称等；

（5）顾客关于港口情况的调查、船舶来港可能性或费用的询问等，视为信息咨询。

1.2　缮制《单船计划》

依照上述所列信息缮制《单船计划》，并转一份给使费部门索取备用金。

1.2.1　拍发本港航行指南

（1）向船方拍发本港航行指南，如无法与船上直接联系，则应由船公司转达船方。

（2）对首次来港外国籍船舶（不包括本国方便旗船）必须拍发本港航行指南。对于来港中国籍船舶和悬挂方便旗的国内航运公司所属船舶，则可告知（直接与船方联系或船公司转达）具体到港引水锚地经纬度或锚地名称（虾峙、七里或金塘）。对于非第一次来港外国籍船舶可参照国轮执行。定期班轮，也可直接向船长呈递本港航行指南，一份由其签字收到，具以证明，以后不必逐航次通知。

（3）航行指南的选择

1. 本港口航道分南北两个方向，虾峙、金塘、七里屿三个引水站，航道的选择主要取决于船舶的来港方向（分东、南、北三个方向）及船舶的抵港吃水，可分以下几种情况：

（1）船舶抵港吃水不足 8.5 米的选择北航道到达七里引水站（吃水小于 7 米，七里屿锚地位置 29/59/18N—30/00/18N 121/46/30E—121/47/30E）或金塘引水站（吃水超过 7 米小于 8.5 米，金塘锚地位置：30/00/00N—30/02/30N 121/48/12E—121/50/00E）。

（2）船舶抵港吃水大于 8.5 米而小于 15 米的选择南航道（SOUTH CHANNEL）（上一港方位本港以南时）或东航道（EAST CHANNEL）（上一港方位本港北面或东面时）到达虾峙引水站（锚位：29/44/30N—29/46/00N 122/20/30E—122/22/30E）。

（3）船舶抵港吃水超过 15 米而小于 17.5 米时不管船舶来港为何方向均选择深水航道（DEEPCHANNEL）到达虾峙引水站（锚位同上）。

（4）特大型船舶如吃水超过 17.5 米时则应选择 DEEPSHIP 航道到达虾峙引水站（锚位同上）。

2. 船方如对航行指南有异议并坚持要从吃水更深航道进港时应恰港务，引水作必要的修正。如必要，可告知船方锚地潮水信息，包括潮时、潮高等。

1.3　船舶备用金

1.3.1　船舶备用金的估算

（1）收到委托方代理委托电传、传真后，仔细审核有关委托要求，委办事项，根据原交通部颁发的有关港口收费规则、理货收费等规定，结合船舶在港的预计动态，对外预估船舶港口使费备用金，拟就报价电文并转一份给商务部门。

（2）将报价电文发送至委托方并告诉其本司指定银行账户，要求其在船舶离港前将所需预付备用金及早汇出。

1.3.2　船舶备用金的追索

报价电文发出后，应跟踪落实对方汇付情况，如对方对有关报价有异议应进一步核实调整。

1.3.3　报价电文发出后，应委托方或船方要求，发生另外委办事项或事先未预计到原因或情况发生的，从而产生的额外费用应及时追加。

1.4　国际航行船舶进口申报

1.4.1　船舶申报

（1）根据单船计划所记载信息于船舶抵港 5 天前填写《国际航行船舶进口岸申请书》，接受委托时离船舶预抵期不足 5 天的应在接受委托当天填报，如时间较为紧迫可先传真各单位。

（2）特种船舶或船舶装有特种货物或危险物品的应在申报单上列明货名、数量，申报单上还需注明过境货物及数量。

（3）《船舶进口案申请书》填妥后交公司通讯员呈送港监核定，后即传真边防、海关、卫检、动检及港务、引水等有关单位。

1.4.2　危险品申报

如船舶进口时载有液体或固体危险品则填写《船舶载运危险货物申报单》，一式三份送港务监督审批、核准。该申报单一般应在船舶进口申报同时填报。

1.5　编制《外勤单船工作记录本》交外勤，并将船舶档案移交值班调度人员。

1.6　函电处理

（1）及时处理本岗位业务电文，对委托方的查询一般应在当天工作日内答复，如紧急电文应即时回复。

（2）对于涉及本部门各不同科室的函电，应批注复印转相关科室人员。函电处理应及时，对一些紧急电文应随时批注分发。

1.7　船舶速遣协议恰订

根据委托方要求，可与港口当局联系签订有关船舶装卸速遣协议，代表公司对外签署速遣协议。在与港口当局签订 QDA 前应取得委托方的书面确认。

1.8　采购服务

本岗位负责采购下述服务：

◆　船舶、货物检验；

◆　船舶修理；

◆　船舶燃料供应；

◆ 海图。

◆ 发采购指令方法：

◆ 电话通知并作相应记录；

◆ 传真通知。

填写采购日志，对分承包方服务质量评估如无船方、外勤等的投诉，则一般视为满意；否则，填不满意，并在处理意见一栏作相应说明。

1.9　本岗位所使用的表格填写时如某项可不填，则以"/"表示。

2. 值班调度岗位操作规范

2.1　值班调度员工作交接

（1）值班调度员实行日班、夜班分班的工作制度。每天上午上班和下午下班时进行工作交接，对发生在值班期间的各种事情，应及时处理。如确实无法办妥，应记入调度日记交班记录栏内，移交接班调度处理。交班时，若没有交接事项，在交接记录栏内注上"NIL"。调度员交班后，双方需在交班记录栏签名确认。交班记录栏内记录以下内容，但不限于此：

◆ 船期无法通知到3.0项所述各单位；

◆ 船期无法用高频/电传/传真通知的船舶；

◆ 高频联系不上，无法确认是否抵港的船舶。

（2）日班调度员根据港方所订的船期计划和白天收到的各种电传、传真、电报于每天下班前制妥船期通知表并发各有关单位。夜班调度员根据所做单船计划及船期通知及夜间收到的各种电传、传真、电报和每天作业动态进度于每天0800时以前制妥船期通知表，发各有关单位。所有底稿必须按要求留存。

2.2　调度会议

白班调度员每天准时参加港务局生产调度会，核对船舶动态，合理安排作业计划，并在调度日记上作纪要。

2.3　进、出口船期报告

接到港务局船舶靠泊、移泊、开航、作业计划及船方、外勤报告靠泊、开航计划（指修理、加油等非作业船舶），需在调度日记上作记录，记录通知人、通知时间，自定计划注上自定，并及时通知相关单位，同时记录通知时间、被通知人，以通知单书面通知宁波中集船代船期，通知件留底，每月装订归档，保存三年。

2.3.1　与口岸各查验单位、货代、北仑办事处联系

◆ 靠北仑辖区船舶（包括北仑锚地）

（1）北仑边防；　　　　（2）北仑海关；　　　　（3）北仑卫检；

（4）北仑动检；　　　　（5）宁波港监；　　　　（6）北仑港监；

（7）货代、旅客接待单位（旅游船）；　　　　（8）本司北仑办事处。

◆ 靠泊临时开放码头的船舶计划，报告市口岸办，并按市口岸办指示办理。

◆ 旅游船、废钢船买卖交接等特种船舶，若市口岸办通知需进行进、出口集合联检，及时联系宁波港监安排联检，并在调度日记上作记录，联检时间通知本司北仑办事处及旅游接待单位、货代。

◆ (a) 如由于各种原因先在七里/金塘锚地办进口手续，然后再靠宁波辖区的船舶，进检及靠泊计划不通知镇海海关。

◆ (b) 如因作业需要从宁波辖区经七里/金塘锚地移至北仑辖区（反之亦然）而又不在七里/金塘锚地作业的船舶，移泊计划只通知宁波、北仑两地查验单位。

◆ 调度员接到港方通知当天或第二天船期计划取消时若估计该计划可能会恢复时，应暂缓通知各查验单位，对于第二天0830时以前的船期变动计划，可以自定适当推迟计划，通知边防、海关及办事处。对于第二天0830时以后的船期变动计划可以暂不通知各方，移交第二天调整。

2. 与船方、委托方联系

◆ 进港船舶。及时把进港指示以电传/传真/高频等有效途径通知船上，并抄送委托方。若船上无法联系上，通知委托方转告，并移交接班调度处理，在调度日记交班记录栏内作记录。通知内容包括靠泊/移泊计划，上引水时间。

◆ 出港船舶。及时把出港计划相应转告船代部出口科、北仑办事处，由外勤通知船上，并发电传/传真给委托方。

2.3.2 计划临时变动处理

若船舶靠泊、移泊、作业、开航计划有临时变动，需相应重新通知2.3项所述各单位，若计划只有1小时以内变动可以先与办事处外勤商量，决定是否通知有关必要单位（如海关、边防、外勤等）。

2.4 船舶动态跟踪及动态报

2.4.1 动态跟踪

(1) 每天上午0800时以前，与港务局调度核对在港作业船舶装卸进度，并在船舶动态表上记录已装/卸数量、剩余数。

(2) 加油、修理、在锚地待命等非作业船舶，保持与外勤、船上的联系，掌握加油、修理进度，及是否有特殊项目需安排。

2.4.2 动态报

2.4.2.1 抵港电/离港电

根据外勤报告的抵/离港资料，填写船舶在港单船记录，记录外勤报告时间，并及时发抵/离港电，对于在港时间短的船舶，外勤一次性报告抵/离港资料，抵/离港电可以一次性发。抵/离港电需在半小时内发各有关单位。并需在船舶在港单船记录打"√"。报告内容如下，但不限于此：

(1) 抵港电

- 抵港时间
- 靠泊时间或移内锚地时间（若已靠泊）
- 存油、水
- 前、后水尺
- 开装/卸时间（若有）
- 预计开航时间（若有）

（2）离港电

- 装/卸完毕时间（非作业船舶无此项目）
- 装数量（作业船舶）、旅客人数（旅游船）
- 存油、水
- 前、后水尺
- 开航时间
- 预抵下港时间（若有）

2.4.2.2　在港动态报

- 在港作业船舶，每天发一次，内容包括装/卸数量，计划开航时间（若有）。
- 在锚地等泊船舶，每两天发一次，需说明等泊原因。
- 修理、加油、锚地待命等特殊船舶，按委托方要求发动态电，无特殊情况可以不发。

2.4.2.3　船舶紧急/突发情况报

船舶在港发生碰撞、火灾、共同海损、断缆漂离码头、走锚、人员伤亡、船员违章等紧急/突发情况，应立即以电传、传真、电话或其他有效途径通知委托方，并按规定抄送上海中货。

2.4.2.4　中远船舶动态

值班调度员每天向中远调度、中集调度、中货代理处汇报在港船舶动态，内容包括：

（1）在港船舶总数　　（2）作业船舶总数　　（3）中远、中远租船总数

2.4.2.5　每月月底填制船舶动态联系合格率统计表

动态联系合格率控制在92%以上。动态联系合格率用以下公式计算：

合格率＝本月动态联系合格船舶数/本月总代理船舶数

动态联系合格船舶指动态联系次数、时间、内容符合本规范规定要求。其中一项或多项不符，即为一项船舶动态联系不合格。

2.4.2.6　船舶动态电按船装订，编号与单船记录编号相一致，按月归档。

2.4.2.7　每天由夜班调度员下班前统计出累计船舶艘次、净吨、货运量。

2.5　供方的采购

（1）锚地加淡水及旅游船生活垃圾的处理。外勤、船方等有关方要求锚地加

淡水，对船舶生活垃圾进行处理，应及时电话通知港务局调度，在调度日记上作记录，并把完成情况分别记录到船舶单船记录表。

（2）每天 0900 时参加港务局调度会，在会上，向港务局、理货公司申请，当天作业船舶及理货船舶，会后把港方计划记录在调度日记上，表示港务局、理货公司接受申请，调度员在发离港电时，把完成结果记录到船舶单船记录表。

2.6 天气预报

（1）非台风期间，每天早上由当班调度收听气象预报一次，并在调度日记气象栏内作记录。

（2）若当地有台风警报，每天上午、中午、下午三次收听气象，跟踪台风走势，及时向公司抗台小组汇报。在港作业船舶，北仑锚地船舶，相应通知北仑办事处转告船上，做好抗台工作。七里锚地、虾峙锚地船舶，用 VHF 或电传/传真通知船上。有通知不到的船舶，在调度日记上作记录，汇报部门经理，并按经理指示办理，同时移交接班调度继续联系。

2.7 紧急/突发事件处理

从有关方收到船舶发生 2.4.2.3 所述的紧急/突发事件时，需采取以下措施：

◆ 与船方联系，了解情况及船方的紧急要求；

◆ 通知港务监督、港务局调度及有关口岸查验单位，根据实际情况制订有效方案；

◆ 安排外勤赴现场，协助救助；

◆ 以书面形式报告委托方及拟实施方案，并将收到的指示转达有关方；

◆ 向部门领导汇报有关情况，并将整个处理过程详细记录在调度日记上。

2.8 船方临时委托事项

船上临时用高频等途径报告需安排加水、引水、拖轮、船员下地等事项，经使费部门确认费用后，及时通知外勤等有关方处理，并在调度日记上作记录。

2.9 函电处理

收到函电后应在当班处理，计划调度员单船计划没有移交的船，收到函电后移交计划调度员；有船长借支、看病、加油、加水等事项转交外勤、使费等有关方。

2.10 每月月底根据船舶《单船记录》编制船务部月度业务统计表。

2.11 表格填制说明

◆ 本规范所述各种表格，可不填的项目用"/"画去。

◆ 表格内货物数量木材以"立方米"。旅客以"名"，其他以"公吨"为计量单位。

◆ 单船记录编号以年、月、开航顺序编号。

◆ 表格内"备注"、"其他"栏可以填上表格内没有设置的项目。

2.12 设备维修

调度交班时，需对设备进行检查，若发现故障，需记录在设备故障记录本内。移交接班调度签字，并相应通知供方维修单位修理。修理完毕后，在调度日记内作记录。调度室设备包括高频、电话会议机、传真、电传、电脑。

2.13　本规范所述的各种电文、表格都需按月归档，并保存三年。

2.14　夜班、非正常工作时间内值班人员还应负责下列事项：

◆　对紧急电报、电话等及时处理，无法处理的汇报调度主任或部门领导；

◆　接待船员及家属来访；

◆　接待安排船长或经授权者挂拨长途电话，并签署长途电话计费单。

3. 外勤工作岗位操作规范

3.1　登轮准备工作

（1）按调度主任的分配指令，接受负责某轮的现场代理工作。

（2）接分配指令后，及时查阅以下内容，了解船舶的委办事项，掌握运输合同的主要条款及其他有关信息。

◆　《外勤单船工作记录本》；

◆　《国际航行船舶进口岸申请书》；

◆　与委托方、船方有关的来往电文。

如对有关内容或委办事项有不清楚的或未落实项，需及时向计划调度或值班调度询问，并作联系和安排；如委办事项采购分承包方服务，则要与其保持联系，掌握有关动态。

（3）对于卸货船，如委托方或船方等已提供进口货物单证，则要及时作复印等准备工作，以防船舶办理进口手续或卸货准备时船上单证提供不足；对装货船，（除集装箱班轮）及时从计划调度处索取货物装船单证，若没有及时送达或送达单证不全或有误，则继续催要或联系。

（4）及时从公司调度室或/和作业区调度室了解、掌握服务船舶的进港、靠泊、离港和作业具体安排，做到心中有数。

（5）备妥船舶进口、出口所需的表格，并收齐交船舶的信件、邮件和电文等物品，落实/递交边防船员名单和旅客名单。

（6）由于船舶进港靠泊时间或节假日或特殊泊位等原因，如有必要，应事先、主动与口岸检查单位约定办理进口手续的时间和方式。

3.2　进口手续

（1）如船舶在锚地办理进口手续，应事先或去锚地上船途中通过移动电话或甚高频电话通知船方预计登轮时间及作有关事项准备。

（2）首次登轮后，应向船长问好，并向船长介绍已登轮检查单位官员和港口习惯做法、或向船长发《船长通知书》，简单介绍本港有关规定，引起船长注意和重视。

（3）及时向船长核实和索要以下信息，不限于此，并作记录。

- 船舶抵港时间和抵港吃水；
- 引水登轮时间和起锚进港时间；
- 靠泊时间；
- 抵港存油、水数量；
- 有关船舶规范，含吊杆负荷；
- 船舶和船员有关证书的有效情况；
- 船方委办事项；
- 货名、数量、重量；
- 特殊货物的装载位置及装卸要求；
- 其他内容。

（4）索要或协助船方填报足够份数的下列单据和证件（但不限于此），以便及时代船方向登轮检查单位或/和登岸向有关检查单位办理船舶进口手续。

- 总申报单；
- 货物申报单；
- 船舶物品申报单；
- 船员物品申报单；
- 船员名单；
- 旅客名单；
- 航海健康申报书（检验检疫局已办除外）；
- 船舶概况报告单；
- 进口货物舱单（含集装箱）；
- 集装箱清单；
- 进口载货清单；
- 进口无货舱单；
- 本港卸货舱单；
- 登陆申请；
- 监护申请；
- 上港关封、边封（上港来自国内港口的外轮）
- 海关监管簿（国轮）；
- 护照或海员证；
- 入/出境集装箱卫检申报单（报空箱）；
- 上港出港证；P.S.C报告；最低安全配员证或其复印件；港监批准的《国际航行船舶进口岸申请书》；
- 船舶吨税证书（可用复印件）或申请书。

向口岸检查单位报验方法和提供单据份数，详见有关文件规定。

（5）船舶进口手续办妥后，记录办妥时间，并立即通知船方和作业区及有关方可以上下人员、进行作业安排。

（6）在办妥进口手续后，需在半小时内向公司调度室汇报 2.3 有关内容和现场有关动态。

（7）及时告诉船方开装卸时间、工班安排情况和预计完货时间。

（8）及时转交船长有关信件、邮件、电文，及时通知移泊、调头和开航计划等，并作好交接记录；对船方提出的委办事项及时进行联系、落实，对事先已安排的委办事项，要及时向船方汇报安排进度和处理结果。

3.3　卸货船

（1）如船上载有指运其他港口的货物，应及时向海关如实申报。

（2）如船舶载有危险品货物进口或/和指运其他港口，应将海事局批准的《船舶载运危险货物申报单》转交船长备查；同时向海事局作书面监卸申请。

（3）在卸货前，如船长/委托方坚持要求凭正本提单卸货时，则将货主提供的正本提单或背书完好的正本提单递交于船长，并取得收据或退回后的签认；如正本提单提交有困难，应立即通过计划调度与委托方、货方取得联系，以提供保函或银行担保等其他途径加以解决。

（4）从船上取得进口货物单证后，应对提单号、货、箱数量等进行核对，确认无误后，及时将有关单证送交海关、作业区或/和外理等单位，如实际情况需要，可由船长/大副转交作业区或/和外理作业等单位。如单证有误，应立即与船方核实，得到船方确认后方可更改。

（5）船方卸货前或卸货过程中，如提出拆固、捣舱、扫舱等特殊作业申请时，应及时以书面形式通知作业区安排，并及时告知计划调度。

（6）集装箱进口单证，应在船舶办理进口手续 24 小时内转交给船代部进口科，如有船方托带信件或单证转交当地收货人，及时带回公司交船代部进口科办理。

（7）卸货作业前，除告诉船方具体作业安排等情况外，还应提醒船长、大副在卸货过程中，加强与作业区的配合。同时把船上的有关情况简单介绍给作业区或/和外理，以便共同做好卸货工作，缩短船舶在港停留时间。

（8）如发现溢、短卸情况，及时向外理（件杂货、集装箱）索取溢、短卸报告，或向检验单位（大宗散货）或货主要求提供公估计量证书的副本，并立即与船方联系，查阅装货港有关单证以备用；如溢、短卸数量大或船方与外理、检验单位有纠纷，应及时通过计划调度向委托方汇报。

3.4　装货船

（1）对于大宗散杂货船舶，外勤根据货主托运单（托运单需留底）预制散杂货装货单，并及时送交船上大副予以配载，并分送作业区域或外理，集装箱预配单证由船代部出口科自行送达作业区集装箱配载中心和外理予以配载，散杂货装船后，根据提单数制作载货清单送交船长或大副，并做好确认、签收记录。

（2）将船方准备的配载图及时送达作业区或/和外理，图上要有船方签章，并注明装货总数和装妥后的估计吃水，在备注栏中应注明积载和安全操作的注意事项等；班轮，港方集装箱配载中心配妥后及时送达船方确认，必要时还需经班轮公司预配中心书面确认。

（3）按委托方指示及时向船方索取规定使用的空白提单交货主/货代使用；如船上没有，又无委托方/船方特别要求和指示，则经船长同意，使用无抬头提单格式，并请船长填写书面申请或委托书。

（4）如委托方或船长要求我司代签提单，则由船长填写签发提单授权委托书，完货后连同大副收据（复印件）及时交计划调度作为签发提单的依据；如船长签单，则取回提单副本一份留底，集装箱船提单由船代部签发。

（5）集装箱船舶如需翻箱/倒箱，应及时由船方填写《翻箱/倒箱确认书》交作业区，才能进行翻箱/倒箱作业，并作好记录。其他船舶的配载或装货过程中，如需舱内铺垫、加固、隔票、绑扎等工作和费用由船方负担时，则应立即与计划调度联系，征得同意后才能安排。

（6）如船舶有压舱水排放，必须及时向海事局、检验检疫局提出书面申请，征得它们化验通过、批准同意后方可开始排放；油轮压舱水排岸要事先征得岸罐设施单位的同意后方可排放。装载粮食船舶如需熏蒸的，应向海事局、检验检疫局办理熏蒸申请，批准后方可办理。

（7）如船舶装载危险品货物出口，应将海事局批准的《船舶载运危险货物申报单》及时送交船上。如海事局派员登轮监装，则要求船长提交书面监装申请，并提交给现场海事局派员。

3.5 装卸备妥通知书（以下简称"通知书"）

（1）首次登轮时，如条件成熟，则可与船方签署接受通知书；

（2）通知书应按委托方的要求及其提供的有关合同来递接、签署。通常情况下，委托代理可以如下三种方式办理递接手续：

◆ 代表港方与船方办理递接手续（凡与港方签订滞期速遣合同的船舶）；

◆ 代表买或卖方与船方办理递接手续（买或卖方委托）；

◆ 代表租船人与船方办理递接手续（租方委托）。

（3）通知书的递接一般需符合下列条件：

◆ 船舶必须抵达合约规定的港口或泊位；

◆ 船舶进口检查已通过；

◆ 船舶已各方面具备开始装卸货物的条件；

◆ 在合同规定的时间内。

如上述条件均已满足，有明确的委托方，可代表委托方接受通知书。

（4）如委托方未要求办理通知书的递接，船方却坚持要代理签署时，则可参照上述条件，以只作为船舶港口代理人身份（AS AGENT ONLY）或加注 AS RECEIVED UNACKNOWLEDGED ONLY 或 AS PER RELAVENT AGREEMENT 等名义予以签署接受。

（5）如递接条件不符合或船方有明显欺骗行为，则拒绝以代理身份签署，并及时向船务部领导汇报。

（6）通知书签署时请盖船章，签妥后交船长两份，留底两份，其中一份交计划调度寄送委托方。

3.6 装卸时间事实记录（以下简称时间表）

（1）根据委托方的有关要求、合同条款和船舶在港发生的事实，缮制时间表。

（2）时间表的记录包括以下几项内容，但不限于此，时间记录必须是连续的。

◆ 船舶抵港时间；

◆ 船舶通过检疫时间；

◆ 船舶移泊、靠泊时间；

◆ 船舶办妥进口手续时间；

◆ 通知书的递交和接受时间；

◆ 船舶开始装卸及装卸进行时间；

◆ 非作业停工时间及其原因；

◆ 坏天气记录。

（3）及时与船方、作业区核对时间、事实发生情况和有关原因，并作记录。

（4）装卸作业完毕后，经核对无误，即与船长共同签署时间表，并盖船章，两份交船长，两份留底，其中一份交计划调度连同通知书邮寄委托方，如需传真委托方，则立即办理。

3.7 各类证书和有关检验项目申请

（1）接受委托方或船长的书面申请，办理船舶有关证书或安排有关项目的检验，这包括以下内容，但不限于此：

◆ 船舶各类适航证书；

◆ 船舶吨税证书；

◆ 除鼠/免予除鼠证书；

◆ 卫生证书；

◆ 水尺公估及其他计量证书；

◆ 各类船体设备检验；

◆ 各类货物及其损坏检验；

◆ 各类货舱封舱、干舱检验等。

（2）将船方书面申请及时送交有关检验单位或上船检验员。及时与他们联系，询问项目的进展、出证等情况。费用大的项目，要及时与计划调度联系。

（3）将收到/取回的有关证书或报告及时交船长，做好签收，如合适取回副本留底，以便发送委托方；检验单位送证上船的，则取回副本。

3.8　委办事项

3.8.1　船舶供应

（1）收到委托方/船方关于伙食、淡水、燃料、物料及其他物品供应的书面申请，即以电话或书面形式通知有关分承包方，并说明供应要求。船方申请需以不同方式留底。

（2）费用大的供应，待分承包方报价后，即与计划调度联系，征得他们同意后方可安排。

（3）安排后，要提醒分承包方注意船期变化，以免耽误供应。供应完毕后，要作记录（淡水供应的分承包方服务记录由值班调度负责）。

3.8.2　船舶修理

（1）接到委托方/船长关于要求在港进行船舶修理的书面申请后，即以电话或书面形式通知分承包方进行项目检验和修理费用预测，然后通过计划调度通知委托方，得确认或否认后，联系分承包方实施修理或取消安排。船方的申请以不同方式留底。

（2）"明火作业"、"修理主机"、"修理锚机、舵机"需经海事局批准后方能进行。书面申请需明确以下几点（但不限于此）：明火作业范围；安全措施；检修主机、舵机、锚机起始时间；恢复主机、舵机、锚机所需时间。大部分情况下，向海事局申请"明火作业"由修理执行者分承包方办理，所以双方要及时联系，并将海事局对上述项目的批复及时通知委托方、分承包方和船长。

（3）上述修理主机、舵机等影响船舶动力和操作的项目和项目预计修理时间也应同时通过公司调度室报给港务局调度，以免影响船舶在港计划的安排。

（4）除专门来港修理的船舶外，在锚地修理主机、舵机、锚机或油轮、液化气等危险品船舶要在港进行明火作业，均需海事局特批。

（5）修理完毕后，要作好记录。

3.8.3　船员接班、遣返和就医

（1）按委托方/船公司/船长的有关船员接班信息作安排，或将信息传递给分承包方承办此项工作。信息应包括下列内容，但不限于此：

◆ 船员姓名、国籍、职务；

◆ 抵达时间和交通工具等有关信息；

◆ 有关证件复印件；

◆ 具体要求。

（2）接委托方/船公司/船长关于船员遣返的书面通知，及时索要以下内容，但不限于此；或将下列内容提供给被采购的分承包方：

◆ 船员姓名、职务；

◆ 海员证/护照；

◆ 船员名单；

◆ 遣返地区/国家，遣返日期；

◆ 机票订购要求和其他要求。

（3）向船长或分承包方提供有关遣返用表格，要求及时、正确填妥。

（4）根据船方书面委托，安排船员前往医院。就医结束后，将医生诊断证明交船方。特殊病情在征得船长/委托方同意后进行医治。此项工作视情况也可采购分承包方服务。

（5）上述委办事项均应及时向船方汇报办理情况和安排结果；如费用大的，应由计划调度确认。

（6）办理完毕，应作记录。

3.8.4　备件传递

接委托方/船公司书面通知后，及时将有关资料和要求传递给分承包方予以办理。办理完毕后，应作记录。

3.8.5　船长借支

接委托方书面确认后，明确金额和币种，及时安排借支。转交船方时应当面点清，并取得船长签字盖章收据一式五份，两份交船长，三份取回，留底一份，交结算人员两份。

3.8.6　船方委托的诸如吊缸、船体油漆、原油洗舱、明火作业、外籍船员办理住宿、打预防针等，需向有关方申请办理。

3.9　期租船的交船与还船

（1）在委托办理交还船手续时，应从有关电文上了解以下内容：

◆ 租船人、船东全称；

◆ 交/还船时间和地点；

◆ 存油水量/船舶状况的检验要求。

（2）根据上述信息，按船舶抵港靠泊和完货时间，通过计划调度通知分承包方具体项目的检验时间，及时获取检验数据并作记录。

（3）若委托方要求做交还船证书，则根据有关检验报告缮制证书，并与船长一起代表双方予以签署。签妥后，交计划调度，以便根据要求连同检验报告邮寄或传真委托方或有关方，自留副本一套。

3.10　海损事故及海事声明签证

3.10.1 海难救助

（1）接到代理船舶救助信息后，立即向公司调度室和办事处主任汇报。

（2）在调度室和海事处专职人员的指挥下，负责协助船长处理现场的以下工作，不限于此：

◆ 施救工作的协调、联系；

◆ 救助协议的签订，委托事项的落实；

◆ 海事报告、海损报告的准备和递交。

（3）把签证好的有关报告交还船长，留底一份。

3.10.2 海损事故处理

（1）在专职员的指挥下，落实海损处理的委托事项和负责现场的处理工作。

（2）协助船长向海事局及时递交海损报告或海事声明，准备其他文件、声明，若有委托向分承包方申请船舶和货物的检验。

（3）及时把委托方、保险公司的处理意见和结果汇报给船长。

（4）把有关签证的文件和检验报告及时交还船长，并作留底。

3.10.3 海事声明

（1）收到船长递交的海事声明以及所附航海、轮机日志一式若干份（一般至少一式四份），及时按规定转交海事局签证。

（2）海事声明签妥后，正本和几份副本即交还船长留底一份。

3.11 旅游船和特种船舶

（1）因旅游船的特殊性，认真做好登轮前准备工作，熟悉旅游船的接待工作。

（2）抓紧进出口手续的办理时间和委办事项的联系与落实。

（3）有事及时汇报，做好现场记录。

（4）重视特种船舶（特种物资船）的现场服务和保密工作，认真参加有关部门召集的船期会，有事及时汇报。

3.12 台风和其他恶劣天气的处理

（1）听从调度室或抗台领导小组的指挥，及时准确地转达船方有关应急离靠泊、移泊计划和信息（含递交船方《台风警报》）。必要时参加现场值班工作。

（2）及时提醒船长注意安全和加强值班。向调度室或抗台领导小组及时反馈船方加强安全防范措施的有关情况和提出的具体要求。

3.13 现场代理工作标准

（1）船舶靠泊前在码头或办事处等候，船舶靠妥后立即登轮；开航前登轮一次，待船舶安全开航后离开码头或工作场所。

（2）在港作业船舶，每天至少登轮一次；锚地非作业船舶每天至少联系一次，隔天登轮一次。如船方有事，应立即登轮提供服务。班轮船舶提供24小时值班服务，特殊船舶提供全过程、全方位服务。

（3）登轮时，要亲临舱口，实地掌握船舶装卸作业进度，及时与值班调度核实装卸情况，了解和解决船方存在的实际问题。

（4）业务纠纷、海事、人身伤亡、船员急病和影响船舶生产等事情发生，均应立即赴现场处理，并向船务部领导/办事处主任和公司调度室/计划调度汇报。

3.14　船舶开航手续。

3.14.1　开航准备

（1）事先了解开航船舶以下内容，但不限于此：

◆ 是否完货；

◆ 人员是否有变动；

◆ 委办事项是否已办妥；

◆ 所有船舶证书是否齐备有效。

（2）出口装货完毕，则与船方进行单证核对、交接，如有不符，即行更改，如有出口单证转交下港代理，委托船长转交，留存有关单证办好交接记录。

（3）船员有变动，应重新准备船员名单给口岸检查单位。

（4）签妥委办事项的委托书、费用单和车单等。如开航前还有费用未落实的，应立即通知计划调度，由他们决定是否办理出口手续。

3.14.2　办理出口手续

（1）协助船长填妥或索取办理出口手续的有关单证和表格，方式同 2.4 的描述。

（2）外轮下港是国内港口，无须填报《出境健康申报单》，但要向海关、边防办理关封和边封带至下港主管部门，登陆证可延用；国轮出境需向边防填报《航行国际航线船舶出境自查报告书》；国轮开国内港口，需持《船舶签证本》向海事局办签证，向海关签办《船舶监管本》。如国轮已向海关办理国际航线转国内航线的则无须办理《船舶监管本》。

（3）将办理的有关出境文件连同海事局签发的出港证一并交船长并作签收，离船前询问船长是否有信件、电文等转发。

（4）向船长辞别离船。

3.15　离港后工作

（1）船舶开航后一小时内向调度室报船舶离港资料，内容包括以下几项：

◆ 进/出口货物货名、数量和重量；

◆ 装/卸始毕时间；

◆ 离港吃水、存油、水量；

◆ 离港开航时间；

◆ 预抵下港时间。

（2）按委托方或船方要求及时向委托方传真货物单证或/和时间表、通知书和船方电文等；及时邮寄船方信件。

（3）按以下内容整理船舶档案：

◆ 外勤单船工作记录本；

◆ 船员名单；

◆ 货物单证和文件；

◆ 单船计划和电文。

① 船舶档案袋编号与调度室船舶月度流水编号一致。

② 船舶档案袋应在船舶开航后两周内交调度室统计员，保存二年。

（4）根据船舶在港情况，制作《船舶使费通知单》，开航后三天内连同委托等交船舶使费结算人员。

（5）根据货物装船情况，填妥《出口单证交接单》，并以最快速度交于船代部出口科。

（6）按时向海关递交正确的纸面出口舱单数据。

（7）负责转递船代部向海关更改进出口舱单的申请，将有关办理情况作好记录。

（8）负责办理与船舶及装卸货物有关的其他事项。

3.16　电文处理和质量记录

（1）对于经手的电文都要作处理标志，标志包括处理意见、签名和处理时间。

（2）质量记录

① 外勤工作质量记录主要体现在以下内容，但不限于此：

◆ 单证、文件交接记录；

◆ 现场业务处理记录；

◆ 船舶档案记录。

◆ 分承包方服务记录。

其中第1、2、3项都归档在船舶档案记录中，第4项每年汇总后交船务部值班调度/统计员，并作好签收。

② 交接记录和档案记录表格中有空格存在，表示无内容填写，则用"/"或"空白"章标志来表示；档案内容有索引对号。

③ 现场业务处理记录按时间和业务内容要有阶段性的签名。如果一船两人以上做时，要有交接记录。空格或空白处要用上述标志去表示。

3.17　通信设备维护

（1）本项内容包括对办公室电话、传真机和高频、电脑的维护。

（2）每月初检查一次，并作记录。

（3）公司移动通信工具、电脑及其设备如有故障，立即联系公司办公室行政人员落实修理、保养，确保通信和网络畅通。

附录 10　航行国际航线船舶长江引航、移泊收费办法

中华人民共和国交通部港口收费规则（外贸部分）（修正）

发布机关：交通部

发布文号：2001 年交通部令第 11 号

发布日期：1997 年 4 月 29 日

实行日期：2002 年 1 月 1 日

时效性：有效

题注：（1997 年 4 月 29 日中华人民共和国交通部令第 3 号发布。根据 2001 年 12 月 24 日中华人民共和国交通部令第 11 号公布的《关于修改〈中华人民共和国交通部港口收费规则（外贸部分）〉的决定》修正）

第一章　总则

第一条　中华人民共和国港口向航行国际航线的船舶及外贸进出口的货物计收港口费用，均按本规则办理。

各港与香港、澳门之间的运输及涉外旅游船舶的港口收费，除另有规定的外，比照本规则办理。

第二条　本规则所订费率，均以人民币元为计费单位。国外付费人以外币按中国人民银行正式兑换率进行清算，国内付费人以人民币进行清算。

第三条　租船合同和运输合同中有关港口费用负担的约定，船方或其代理人应至迟于船舶到港的当天，将有关资料书面送交港口和有关部门，否则向代理人进行清算。船方或其代理人提供的进出口舱单及有关资料有误或需变更的，必须在卸船或装船前书面通知港口和有关部门。

第四条　计费单位和进整办法：

（一）船舶以净吨（无净吨按总吨，也无总吨按载重吨）为计费单位的，不满 1 吨按 1 吨计；以马力（1 马力 = 0.735 千瓦）为计费单位的，不满 1 马力按 1 马力计。

船舶无净吨、总吨和载重吨，则按 500 吨计收港口费用。

（二）以日为计费单位的，除另有规定的外，按日历日计，不满 1 日按 1 日计；以小时为计费单位的，不满 1 小时按 1 小时计，超过 1 小时的尾数，不满半小时按半小时计，超过半小时的按 1 小时计。

（三）集装箱以箱为计费单位。

可折叠的标准空箱，4 只及 4 只以下摞放在一起的，按 1 只相应标准重箱

计算。

（四）货物的计费吨分重量吨（W）和体积吨（M）。重量吨为货物的毛重。

以 1000 千克为 1 计费吨；体积吨为货物"满尺丈量"的体积，以 1 立方米为 1 计费吨。计费单位为"W/M"的货物，按货物的重量吨和体积吨择大计算。

订有换算重量的货物，按"货物重量换算表"（表 1）的规定计算。

（五）每一提单或装货单每项货物的重量或体积，起码以 1 计费吨计算，超过 1 计费吨的尾数按 0.01 计费吨进整。同一等级的货物相加进整。

（六）每一提单或装货单每项费用的尾数以 1.00 元计算，不足 1.00 元的进整；每一计费单的起码收费额为 10.00 元。

（七）货方或船方应于船舶到港的当天准确提供笨重、危险、轻泡、超长货物的明细资料，否则全部按该提单或装货单货物中最高费率计收费用。

第五条　进出口货物的重量和体积，以提单或装货单所列数量为准。港方对货物的数量可以进行复查。提单或装货单所列数量与复查或抽查数量不符时，以港方与船方、货方或其代理人的复查或抽查数量作为港口计费依据。

第六条　付款人对各种费用除与港方订有协议者外，应当预付或现付，并应在结算当日（法定节假日顺延）一次付清，逾期自结算的次日起按日交付迟付款额 5‰的滞纳金。对溢收和短收的各种费用，应在结算后 180 天内提出退补要求，逾期互不退补。

第七条　船舶到港后，港方根据船方或货方的申请，在中华人民共和国法定节假日以及夜班进行本规则第九、十、十一、十六、十八、十九、二十七、二十九、三十三、三十四、三十五、三十六、三十七、三十八、五十二、五十三、五十四（装卸用防雨设备、防雨罩、靠垫费、围油栏使用费和水费除外）条所列各项作业时，均向申请方计收附加费。

节假日、夜班附加费按基本费率的 50%计收，节假日的夜班附加费按基本费率的 100%计收。

夜班每日以 8 小时计算。节假日及夜班的工班起讫时间，由港务管理部门自行公布执行。

第八条　外国通过中华人民共和国港口以下列方式转往其本国或第三国的货物，为国际过境货物：

（一）水路转水路；

（二）水路转铁路；

（三）铁路转水路；

（四）水路转公路；

（五）公路转水路。

散油、一级危险货物、鲜活、冷冻货物及家禽、牲畜、野生动物，不办理国际过境业务（集装箱货物除外）。

第二章　引航、移泊费

第九条　由引航员引领船舶进港或出港，按下列规定计收引航费：

（一）引航距离在 10 海里以内的港口，按"航行国际航线船舶港口费率表"（表 2）编号 1（A）的标准计收；

（二）引航距离超过 10 海里的港口，除按表 2 编号 1（A）的标准计收引航费外，其超程部分另按表 2 编号 1（B）的标准计收超程部分的引航费；

（三）超出各港引水锚地以远的引领，其超出部分的引航费按表 2 编号 1（A）的标准加收 30%；

（四）大连、营口、秦皇岛、天津、烟台、青岛、日照、连云港、上海、宁波、厦门、汕头、深圳、广州、湛江、防城、海口、洋浦、八所、三亚港以外的港口，除按本条（一）、（二）的规定计收引航费外，另据情况可加收非基本港引航附加费，但最高不超过每净吨 0.30 元。

引航距离由各港务管理部门自行公布，报交通部备案。

引航费按第一次进港和最后一次出港各一次分别计收。

第十条　由引航员引领船舶在港内移泊，按表 2 编号 2 的规定，以次计收移泊费。

第十一条　由引航员引领船舶过闸，按表 2 编号 1（C）的规定，以次加收过闸引领费。

第十二条　接送引航员不另收费。

第十三条　由拖轮拖带的船舶，其引航和移泊费按拖轮马力与所拖船舶的净吨相加计算。

第十四条　船舶因引航或移泊使用拖轮时，另按拖轮出租费率计收拖轮使用费。

第十五条　引航和移泊的起码计费吨为 500 净吨（马力）。

第十六条　因船方原因不能按原定时间起引或应船方要求引航员在船上停留时，按表 2 编号 3 的规定计收引航员滞留费。

第十七条　航行国际航线船舶在长江的引航、移泊费，按《航行国际航线船舶长江引航、移泊收费办法》（附录）办理。

第三章　拖轮费

第十八条　使用港方拖轮时，按"租用船舶、机械、设备和委托其他杂项作业费率表"（表 7）的规定，以拖轮马力和使用时间，向委托方计收拖轮使用费。

拖轮使用时间为实际作业时间加辅助作业时间。实际作业时间为拖轮抵达作业地点开始作业时起，至作业完毕时止的时间；辅助作业时间为拖轮驶离拖轮基地至作业地点和驶离作业地点返回拖轮基地时止的时间。实际作业时间由委托方签认，按实计算；辅助作业时间实行包干，由各港务管理部门综合测算确定，报交通部备案。

第四章 系、解缆费

第十九条 由港口工人进行船舶系、解缆，按表 2 编号 4（A、B、C、D）的规定，以每系缆一次或解缆一次计收系、解缆费。

船舶在港口停泊期间，每加系一次缆绳计收一次系缆费。

第五章 停泊费

第二十条 停泊在港口码头、浮筒的船舶，由码头、浮筒的所属部门按表 2 编号 5（A）的规定征收停泊费。

第二十一条 停泊在港口锚地的船舶，由港务管理部门按表 2 编号 5（B）的规定征收停泊费。

第二十二条 船舶在港口码头、浮筒、锚地停泊以 24 小时为 1 日，不满 24 小时按 1 日计。

第二十三条 停泊在港口码头的下列船舶，由码头的所属部门按表 2 编号 5（C）的规定征收停泊费：

（一）装卸，上、下旅客完毕（指办妥交接）4 小时后，因船方原因继续留泊的船舶；

（二）非港方原因造成的等修、检修的船舶（等装、等卸和装卸货物过程中的等修、检修除外）；

（三）加油加水完毕继续留泊的船舶；

（四）非港口工人装卸的船舶；

（五）国际旅游船舶（长江干线及黑龙江水系涉外旅游船舶除外）。

第二十四条 由于港方原因造成船舶在港内留泊，免征停泊费。

第二十五条 系靠停泊在港口码头、浮筒的船舶的船舶，视同停泊码头、浮筒的船舶征收停泊费。

第二十六条 船舶在同一航次内，多次挂靠我国港口，停泊费在第一港按实征收，以后的挂靠港给予 30% 的优惠。

第六章 开、关舱费

第二十七条 由港口工人开、关船舶舱口，不分层次和开、关次数，按表 2 编号 6（A、B）的规定，分别以卸船计收开、关舱费各一次，装船计收开、关舱费各一次。

港口工人单独拆、装、移动舱口大梁，视同开、关舱作业，计收开、关舱费。

第二十八条　大型舱口（又称 A、B 舱）中间有纵、横梁的（包括固定纵、横梁和活动纵、横梁），按两个舱口计收开、关舱费。

设在大舱口外的小舱口，按 4 折 1 计算，不足 4 个按 1 个大舱口计算。

第二十九条　使用集装箱专用吊具进行全集装箱船开、关舱作业，不分开、关次数，按表 2 编号 6（C）的规定，分别以卸船计收开舱费一次，装船计收关舱费一次；只卸不装或只装不卸的，分别计收开、关舱费各一次。

第七章　货物港务费

第三十条　经由港口吞吐的外贸进出口货物和集装箱，按"外贸进出口货物港务费率表"（表 3）的规定，以进口或出口分别征收一次货物港务费。

第三十一条　经由港口吞吐的外贸进出口货物和集装箱，先由负责维护防波堤、进港航道、锚地等港口公共基础设施的港务管理部门（港务局）按表 3 的规定征收货物港务费，然后向码头所属单位（租用单位或使用单位）返回 50%，用于码头及其前沿水域的维护。

第三十二条　凭客票托运的行李，船舶自用的燃物料，本船装货垫缚材料，随包装货物同行的包装备品，随鱼鲜同行的防腐用的冰和盐，随活畜、活禽同行的必要饲料，使馆物品，联合国物品，赠送礼品，展品，样品，国际过境货物，集装箱空箱（商品箱除外），均免征货物港务费。

第八章　装卸费

第三十三条　散杂货在港口装卸船舶，按"外贸进出口货物装卸费率表"（表 4）的规定计收装卸费。

第三十四条　港方可根据作业需要使用船舶或港口起货机械装卸货物。使用船舶起货机械时，除按表 4 规定的船方起货机械费率计收装卸费外，另按表 2 编号 7（A、B）的规定计收起货机工力费。

第三十五条　申请使用浮吊进行装卸作业的，除按表 4 规定的船方起货机械费率计收装卸费外，另按实际租费向申请方计收浮吊使用费。经港方同意，使用货方或船方自备浮吊进行作业的，按表 4 规定的船方起货机械费率计收装卸费。

第三十六条　包装货物在船上拆包装舱或散装货物在舱内灌包后再出舱，除按包装货物计收装船费或卸船费外，另按表 7 的规定计收拆包、倒包、灌包、缝包费。

第三十七条　散杂货翻装作业，分舱内翻装和出舱翻装。

舱内翻装，按表 7 的规定计收工时费。使用港口机械的，另收机械使用费。

出舱翻装，按实际作业所发生的费用计收。

第三十八条 采用"滚上滚下"方式装卸货物和车辆时，使用港方动力和工人作业的，按表4规定的船方起货机械费率的80%计收装卸费；不使用港方动力，只由港方工人作业的，按表4规定的船方起货机械费率的50%计收装卸费；不使用港方动力和工人作业的，按表4规定的船方起货机械费率的30%计收装卸费。

第三十九条 集装箱在港口的装卸作业，按"外贸进出口集装箱装卸包干费、国际过境集装箱港口包干费率表"（表5）的规定，向船方计收集装箱装卸包干费。

集装箱装卸包干作业包括：

（一）进口重箱：将重箱的一般加固拆除，从船上卸到堆场，分类堆存，从堆场装上货方卡车或送往港方本码头集装箱货运站（仓库），然后将空箱从货方卡车卸到堆场或从港方本码头集装箱货运站（仓库）送回堆场；

（二）出口重箱：将堆场上空箱装上货方卡车或送往港方本码头集装箱货运站（仓库），将重箱从货方卡车卸到堆场或从港方本码头集装箱货运站（仓库）送回堆场，分类堆存，装船并进行一般加固；

（三）进口空箱：将空箱的一般加固拆除，从船上卸到堆场，分类堆存；

（四）出口空箱：将堆场上空箱装到船上，并进行一般加固；

（五）箱体检验、重箱过磅及编制有关单证。

第四十条 集装箱船在非集装箱专用码头装卸集装箱，如船方不提供起舱机械，而由港方提供岸机或浮吊进行装卸时，除按表5的规定计收装卸包干费外，另按其相应箱型装卸包干费率的15%加收岸机使用费；使用浮吊的，另收浮吊使用费。

装卸滚装船装运的集装箱，在集装箱专用码头使用岸机或船机采用"吊上吊下"方式作业的，或在非集装箱专用码头使用船机采用"吊上吊下"方式作业的，按表5的规定计收装卸包干费；在非集装箱专用码头使用岸机采用"吊上吊下"方式作业的，除按表5的规定计收装卸包干费外，另按其相应箱型装卸包干费率的15%加收岸机使用费。如同时使用铲车（叉车）等机械在舱内进行辅助作业时，另收机械使用费。

装卸带有底盘车的集装箱，使用港方拖车进行"滚上滚下"方式作业的，按表5的规定计收装卸包干费；使用船方拖车进行"滚上滚下"方式作业的，按表5规定费率的50%计收装卸包干费。

第四十一条 内支线运输的集装箱在港口的装卸作业，按表5规定费率的90%计收集装箱装卸包干费。

第四十二条 使用驳船进行码头与锚地（或挂靠浮筒）的船舶之间的集装箱装卸作业，除按表5的规定计收装卸包干费外，另按实计收装卸驳船费和驳运费。

第四十三条 在集装箱专用码头上装卸集装箱船捎带的散装杂货不具备"滚

上滚下"条件者,装卸费按表4相应货类的费率加倍计收。

　　第四十四条　集装箱装卸包干作业范围以外的装卸汽车、火车、驳船(不包括拆、加固),按"汽车、火车、驳船的集装箱装卸费及集装箱搬移、翻装费率表"(表6)的规定计收装卸费。

　　第四十五条　集装箱在码头发生搬移,按表6的规定,以实际发生的搬移次数,向造成集装箱搬移的责任方或要求方计收搬移费。

　　搬移费适用下列情况:

　　(一)非港方责任,为翻装集装箱在船边与堆场之间进行的搬移;

　　(二)为验关、检验、修理、清洗、熏蒸等进行的搬移;

　　(三)存放港口整箱提运的集装箱超过10天后,港方认为必要的搬移;

　　(四)因船方或货方责任造成的搬移;

　　(五)应船方或货方要求进行的搬移。

　　第四十六条　港方按船方或货方要求、或因船方或货方责任造成的船上集装箱翻装,按表6的规定,以实际发生的翻动次数,向造成集装箱翻装的责任方或要求方计收翻装费。

　　在非集装箱专用码头进行船上集装箱翻装,如船方不提供起舱机械,而由港方提供岸机或浮吊进行翻装时,除按表6的规定计收翻装费外,使用岸机的,另按其相应箱型装卸包干费率的15%加收岸机使用费;使用浮吊的,另收浮吊使用费。

　　翻装作业,集装箱需进堆场时,除收取翻装费外,另加收二次搬移费。

　　第四十七条　集装箱在集装箱货运站(仓库)进行拆、装箱作业,按表7的规定,分别向船方(集装箱货运站交付)或货方(应货方要求进行的)计收拆、装箱包干费。

　　拆、装箱包干作业包括:

　　(一)拆箱:拆除箱内货物的一般加固,将货物从箱内取出归垛,然后送到货方汽车上(不包括汽车上的码货堆垛),编制单证及对空箱进行一般性清扫。

　　(二)装箱:将货物从货方汽车上(不包括汽车上的拆垛)卸到集装箱货运站(仓库)归垛,然后装箱并对箱内货物进行一般加固,编制单证及对空箱进行一般性清扫。

　　第四十八条　外贸进口货物和集装箱原船未卸中途换单后继续运往国内其他港口,或内贸出口货物和集装箱原船未卸中途换单后继续出口国外港口,到达港或起运港分别按表4和表5的规定计收装卸费和装卸包干费。

　　第四十九条　空、重集装箱在港口发生干支线中转,由各港根据本港情况自订集装箱中转包干费,报交通部备案。

　　包干范围:自集装箱开始卸船起,至装上船离港止。

　　第五十条　国际过境散杂货物,按表4规定费率的70%计收装卸船费。

第五十一条 国际过境集装箱，按表5的规定，向船方计收过境包干费。

包干范围：自集装箱开始卸船（车）起，至装上车（船）离港止。

第九章 工时费

第五十二条 港方派装卸技术指导员在船上指导组成车辆、危险货物、超长货物、笨重货物（钢坯、钢锭除外）的装卸作业，按表7的规定计收装卸技术指导员工时费。

第五十三条 应船方或货方的委托进行下列作业，按表7的规定，以实际作业人数，向申请方计收工时费。

（一）在装卸融化、冻结、凝固等货物时，进行的敲、铲、刨、拉等困难作业；

（二）除本规则另有规定的外，进行捆、拆加固，铺舱、隔票、集装箱特殊清洗以及其他杂项作业。

上述作业所需材料由委托方供给。使用港口机械的，另收机械使用费。

第十章 其他

第五十四条 租用港方船舶、机械、设备，船方或货方委托港方工人进行杂项作业，以及由于船方原因造成港方工作人员待时等，均按表7的规定计收费用。

第五十五条 租用码头、浮筒进行供油、供水等作业，由租赁双方协商付费。

第五十六条 通过港区铁路线的集装箱，按"集装箱铁路线使用费、货车取送费率表"（表8）的规定计收铁路线使用费。

第五十七条 使用港方机车取送的集装箱，按表8的规定计收货车取送费。

第五十八条 出口货物或集装箱退关时，按实际发生的作业项目向货方计收费用。

第十一章 附则

第五十九条 "满尺丈量"是指按中华人民共和国进出口商品检验局颁布的《进出口商品货载衡量检验规程》进行的丈量。

第六十条 本规则按"笨重货物"、"一级危险货物"、"二级危险货物"、"轻泡货物"和"超长货物"计收费用的：

"笨重货物"是指每件货物的重量满5吨的货物，但订有换算重量的货物，托盘、集装袋、成组货物、10吨以下成捆钢材除外。

"一级危险货物"是指《中华人民共和国交通部水路危险货物运输规则》中规定的：爆炸品、压缩气体、液化气体、一级易燃液体、一级易燃固体、一级自燃物品、一级遇潮易燃物品、一级氧化剂、有机过氧化物、一级毒害品、感染性物品、放射性物品、一级腐蚀品。

"二级危险货物"是指《中华人民共和国交通部水路危险货物运输规则》中"一级危险货物"以外的危险货物，但石棉、鱼粉、棉、麻及其他动物纤维、植物纤维、化学纤维不按危险货物计费。

"轻泡货物"是指每 1 重吨的体积满 4 立方米的货物，但订有换算重量的货物及组成车辆、笨重货物除外。

"超长货物"是指每件货物的长度超过 12 米的货物。

第六十一条　本规则未作规定的，按《中华人民共和国交通部港口收费规则（内贸部分）》的规定办理。

第六十二条　本规则由中华人民共和国交通部负责解释。

第六十三条　本规则自 1997 年 6 月 20 日零时起实行。除船舶港务费外，在此之前的有关规定与本规则相抵触的，以本规则的规定为准。

关于修改《中华人民共和国交通部港口收费规则（外贸部分）》的决定

（2001 年 12 月 24 日中华人民共和国交通部令 2001 年第 11 号公布的《关于修改〈中华人民共和国交通部港口收费规则（外贸部分）〉的决定》已于 2001 年 12 月 3 日经第 13 次部务会议通过，自 2002 年 1 月 1 日起施行）

经征得国家发展计划委员会同意，交通部决定对《中华人民共和国交通部港口收费规则（外贸部分）》作如下修改：

一、删去第五十九条。

二、码头、浮筒的生产性停泊费在现行标准的基础上提高 15%，航行国际航线船舶港口费率表（表 2）中"停泊费 A 项"的费率据此由 0.20 元/净吨（马力）/日修改为 0.23 元/净吨（马力）/日。

三、集装箱装卸包干费在现行规定标准的基础上提高 15%，外贸进出口集装箱装卸包干费、国际过境集装箱港口包干费率表（表 5）中的数字据此作相应修改。

四、拖轮费在现行规定标准的基础上提高 5%，"租用船舶、机械、设备和委托其他杂项作业费率表"（表 7）中"拖轮"一项的费率据此由 0.45 元/马力小时修改为 0.48 元/马力小时。

此外，依据本决定对部分条文的顺序及规则附表作相应调整。

本决定自 2002 年 1 月 1 日起施行。

《中华人民共和国交通部港口收费规则（外贸部分）》根据本决定作相应的修改，重新公布。

附录　航行国际航线船舶长江引航、移泊收费办法

第一条　航行国际航线（包括与香港、澳门之间）的船舶，在长江行驶，由长江引航站引航，其引航费及移泊费的计收按本办法办理。

第二条　需要引航的船舶（或代理人），应在船舶引航前 48 小时提出申请书一式两份，向长江引航站请派引航员，引航站将申请书一份留查，一份交引航员上船执行任务。任务完毕后，由船舶负责人和引航员在申请单上签证，凭以计费。

第三条　本办法所订费率，均以人民币元为计费单位。国外付费人以外币按中国人民银行正式兑换率进行清算，国内付费人以人民币进行清算。

第四条　计费单位和进整办法：

（一）船舶以净吨（无净吨按总吨，也无总吨按载重吨）为计费单位的，不满 1 吨按 1 吨计；以马力（1 马力 = 0.735 千瓦）为计费单位的，不满 1 马力按 1 马力计。

（二）以日为计费单位的，按日历日计，不满 1 日按 1 日计；以小时为计费单位的，不满 1 小时按 1 小时计，超过 1 小时的尾数，不满半小时按半小时计，超过半小时的按 1 小时计。

第五条　付款人对各种费用除与长江引航站订有协议者外，应当预付或现付，并应在结算当日（法定节假日顺延）一次付清，逾期自结算的次日起按日交付迟付款额 5‰的滞纳金。对溢收和短收的各种费用，应在结算后 180 天内提出退补要求，逾期互不退补。

第六条　由引航员引领船舶在长江行驶，按"航行国际航线船舶长江引航费率表"（表 9）编号 1（A）的规定，按始发地至到达地运价里程（公里）（未规定运价里程的港口按实际里程）及船舶净吨（拖轮按马力）以次计收引航费。

第七条　由引航员引领船舶在港内移泊，按表 9 编号 2 的规定，以次计收移泊费。

第八条　由引航员引领船舶过桥，按表 9 编号 1（B）的规定，以次加收过桥引领费。

第九条　由引航员引领船舶过闸，按表 9 编号 1（C）的规定，以次加收过闸引领费。

第十条　由拖轮拖带的船舶，其引航和移泊费按拖轮马力与所拖船舶的净吨相加计算。

第十一条　船舶因引航或移泊使用拖轮时，另按拖轮出租费率计收拖轮使用费。

第十二条　引航和移泊的起码计费吨为 500 净吨（马力）。

第十三条　船舶在引领行驶中，要求中途停靠港口或变更到达地，按下列规定

计费。

（一）中途停靠港口：不论装卸与否，仍按始发地至到达地里程计费。

（二）变更到达地：在船舶未到达原到达地前，按始发地至变更后的到达地全程里程计费；在船舶到达原到达地后，另按原到达地至变更后的到达地间的里程加收。

第十四条　在始发地因船方原因不能按原定时间起引或应船方要求引航员在船上停留时，按表9编号3的规定计收引航员滞留费。

第十五条　船舶引领后，因船方原因临时停航或在中途停靠港口（包括装卸货物，上、下旅客），以及停港等待返程（包括装卸货物，上、下旅客）时间，按表9编号4的规定计收引航员待时费。

因航道水深限制或不能夜航的时间，不计引航员待时费。

第十六条　接送引航员，按表9编号5（A、B）的规定，以每引航一次或每移泊一次计收引航员交通费。

第十七条　在中华人民共和国法定节假日以及夜班应船方要求进行引航或移泊，按表9编号6（A、B）的规定计收引航员附加费。

第十八条　按引航员人数计收滞留费、待时费、附加费，每次以3人为限，超过的人数或实习引航员不计费用。

附表（略）。

附录11 中华人民共和国交通部航行国际航线船舶理货费率表

一、基本理货费

1. 件货理货费

计费类别	货物名称	费率（元）	计费单位
1	危险货物，冷冻、冷藏货物，有色金属	4.28	W/M
2	每1重吨不足2立方米的列名外件货	3.45	W
3	橡胶，电解铜	3	W/M
4	金属制材，原木，纯碱，水泥，鱼粉	2.1	W/M
5	每1重吨满2立方米、不足4立方米的列名外件货	1.65	M
6	盐，化肥，糖，粮，枣	1.5	W/M
7	棉花，麻，烤烟	1.05	W/M
8	每1重吨满4立方米的各类货物	0.83	M

2. 集装箱理箱费　每标准箱12.00元。带有底盘车的，每标准箱15.00元。非标准尺寸的集装箱，按以下比例计费：

非标准箱种类	换算标准箱数
45英尺	2.5
58英尺	3

3. 集装箱装/拆箱理货费

（1）集装箱装/拆箱理货费

集装箱种类	理货费率（元/标准箱）
普通箱	37.5
危险品、冷藏、冷冻箱	45

（2）在市区装/拆箱，交通费每往返一次包干计收 90.00 元；在市区外装/拆箱，交通费每往返一次包干计收 90.00 元，或按实计收交通、住宿费。

（3）在市区外每次装/拆箱不足 3 个标准箱时，按 3 个标准箱计收装/拆箱理货费。

（4）铅封费　施封环每枚 3.90 元；施封锁每枚 9.60 元。

4. 散装货物交接单证手续费　每重量吨 0.45 元。

5. 行李、包裹理货费　每件 1.95 元。

6. 分标志费　每吨 1.65 元。

7. 理货人员待时费　每人每小时 24.90 元。

8. 翻舱理货费：（1）舱内翻舱，按理货人员待时费率计收。（2）出舱翻舱，按相应货物或集装箱基本理货费率加倍计收。

9. 特殊委托业务费

（1）货物甩样、挑小号、分规格，每吨 1.65 元。

（2）按小时计费的，每人每小时 30.75 元。

（3）按日计费的，每人每日（8 小时）246.00 元。

10. 理货单证费　按船舶当航次所理货物、集装箱重量吨计收：

1 000 吨以下（含 1 000 吨）192.30 元

5 000 吨以下（含 5 000 吨）576.90 元

10 000 吨以下（含 10 000 吨）769.05 元

10 000 吨以上 961.35 元

二、计量费

1. 货物丈量费　每平方米 0.90 元，每批货物起码收费 60.00 元，另按实计收货物捣载费用。

2. 货物计重费

（1）看船舶水尺计算货物重量，每重量吨 0.45 元。

（2）使用衡器确定货物重量，每重量吨 0.90 元。使用衡器确定回空汽车重量，每单车 3.00 元。

三、交通费

1. 陆上交通费，按每艘船舶每航次包干计收 315.00 元。

2. 水上交通费，按实计收或按每艘船舶每航次包干计收 1 200.00 元。

四、附加费

项目	内容	费率
节假日附加费	在我国法定节假日进行基本理货费1、2、4、5、6、8、9项理货作业及7项理货人员待时和计量作业	加相应费率100%
夜班附加费	在夜班进行基本理货费1、2、4、5、6、8、9项理货作业及7项理货人员待时和计量作业	加相应费率50%
非一般货舱附加费	在非一般货舱进行基本理货费1、6、8项理货作业	加相应费率50%
浮筒、锚地附加费	在浮筒、锚地进行基本理货费1、2、4、5、6、8项理货作业	加相应费率50%
融化、冻结、凝固、粘连货物附加费	对融化、冻结、凝固、粘连货物进行基本理货费1、4、6、8项理货作业	加相应费率50%
海事货物附加费	对发生海事、火灾货物进行基本理货费1、2、6、8项理货作业	加相应费率100%
外出理货、计量附加费	在港区外及邻近口岸未设理货机构的作业点进行理货、计量作业	加当航次费收总额的10%
超长、超重货物附加费	对超长、超重货物进行基本理货费1、6、8项理货作业及7项理货人员待时	加相应费率50%

五、超码理货费

在每艘船舶当航次计收的基本理货费中的1、2、4、7、8、10项和附加费之和低于在全船工作的理货人员总人（次）数乘以7小时理货人员待时费标准时，则按在全船工作的理货人员总人（次）数乘以7小时理货人员待时费标准，向船舶计收起码理货费。

六、其他

其他费收项目与费率由理货公司酌定，报交通部备案。

参 考 文 献

[1] 司玉琢．海商法专论．北京：中国人民大学出版社，2010.

[2] 何丽新，吴海燕．海商法案例精解．厦门：厦门大学出版社，2004.

[3] 胡美芬，王义源．远洋运输业务．北京：人民交通出版社，2006.

[4] 刘小卉．国际货运代理．上海：上海财经大学出版社，2011.

[5] 孙家庆．国际航运代理理论与实务．大连：大连海事大学出版社，2002.

[6] 郑丙贵，王学锋．无船承运人制度与业务．大连：大连海事大学出版社，2006.

[7] 罗兴武．报关实务．北京：机械工业出版社，2010.

[8] 童宏祥．报检实务．上海：上海财经大学出版社，2010.

[9] 马军功，王智强，罗来仪．国际船舶代理业务与国际集装箱货代业务．北京：对外经济贸易大学出版社，2003.

[10] 中国船舶代理及无船承运人协会．国际航舶代理与无船承运人业务实务英语．北京：中国海关出版社，2009.

[11] 中国船舶代理及无船承运人协会．国际航舶代理与无船承运人业务实务．北京：中国海关出版社，2009.

[12] 中华人民共和国交通部．中华人民共和国国际海运条例实施细则．北京：人民交通出版社，2002.

[13] 中华人民共和国交通部．中华人民共和国港口法．北京：人民交通出版社，2003.

[14] 船舶代理专业论坛：http://www.shipagt.com/.